KB116645

하루 10분
엄마 영어
습관

하루 10분 엄마 영어 습관

지은이 최혜림, 이은별
펴낸이 임상진
펴낸곳 (주)넥서스

초판 1쇄 발행 2020년 3월 2일
초판 3쇄 발행 2023년 2월 15일

출판신고 1992년 4월 3일 제311-2002-2호
10880 경기도 파주시 지목로 5
Tel (02)330-5500 Fax (02)330-5555

ISBN 979-11-6165-906-0   13740

www.nexusbook.com

하루 10분 엄마 영어 습관

최혜림·이은별 지음

넥서스

하루 10분,
엄마의 영어 습관을 만들어가는 66일

"Good night!"
엄마는 잠자리에 들 때 저에게 세상에서 가장 달콤한 목소리로 이렇게 말씀하셨죠. 제가 영어를 좋아하고 영어로 일하는 사람이 되어서 뒤돌아보니, 하루 영어 한마디에서 시작되었던 엄마의 엄마표 영어는 제 인생에서 가장 중요한 첫 단추였던 것 같습니다. 엄마의 영어 습관이란 이렇게 사소한 한마디면 충분합니다. 〈하루 10분 엄마 영어 습관〉은 엄마의 작은 영어 한마디가 아이의 인생에 얼마나 큰 영향을 미치게 될지 기대하는 마음으로 쓰여졌습니다.

엄마의 영어 습관 만들기
TIP 01   66일의 기적

최근의 연구[1]에 따르면 우리가 습관을 형성하는 데 걸리는 시간은 최소 66일이라고 알려져 있습니다. 우리 엄마들이 아이들에게 좋은 영향을 미칠 수 있도록 엄마가 먼저 영어 습관을 만드는 데 최소한의 기간은 66일이 되겠죠. 그래서 이 책은 66강으로 여러분이 영어 습관을 만들어가는 것을 목표로 기획되었습니다.

엄마의 영어 습관 만들기
TIP 02   하루 10분

엄마는 일과 육아로 또 집안의 크고 작은 일을 관리하느라 마음이 많이 분주합니다. 이런 가운데 새로운 일을 시작하는 것은 쉽지 않죠. 그래서 가능하면 규칙적으로 집중할 수 있는 최소한의 시간을 확보하는 것이 중요합니다. 이 시간은 단 10분이어도 좋습니다. 다만, 틈새 시간이 아닌, 충분히 자신에게 집중하고 몰입할 수 있는 온전한 시간이어야 합니다. 이 책은 여러분이 짧은 시간 내에 효율적으로 공부할 수 있게 생활 영어 표현 중 빈도수가 높은 핵심 표현을 다루고 있습니다.

1. Lally, P., Jaarsveld, C. H. M. V., Potts, H. W. W., & Wardle, J. (2009). How are habits formed: Modelling habit formation in the real world. *European Journal of Social Psychology*, *40*(6), 998-1009. doi: 10.1002/ejsp.674

엄마의 영어 습관 만들기
TIP 03 가장 쉬운 루틴으로

쉐도잉이나 딕테이션으로 영어 공부를 하시는 분이 늘었는데 이는 좋은 영어 학습법이긴 하지만, 처음 영어 습관 만들기를 도전하기에는 난이도가 상당합니다. 매일 영어로 무언가를 하는 습관을 만들기 위해서는 매일 할 수 있는 부담스럽지 않은 것으로 시작하세요. 예를 들어, 하루에 한 잔, 티를 마시며 책의 강의를 유튜브로 들으며 따라 해 보는 것입니다.

엄마의 영어 습관 만들기
TIP 04 함께할 사람

아프리카 속담에 '빨리 가려면 혼자 가고 멀리 가려면 함께 가라'는 말이 있죠. 66일의 레이스도 생각보다 완주하기 어려운 긴 시간입니다. 가능하면 함께 달리실 분들을 만나시기를 강하게 권해드립니다. 이미 몸을 담고 있는 커뮤니티 내에서 스터디 제안을 하셔도 좋고, 요즘에는 온라인에서 스터디 그룹도 쉽게 찾을 수 있어서 스터디 메이트를 찾는 것은 어렵지 않으실 거예요. 저자가 직접 수년간 온라인 커뮤니티[2]에서 엄마들을 대상으로 영어 스터디를 운영한 노하우를 담았습니다.

엄마의 영어 습관 만들기
TIP 05 리워드, 자신에게 주는 선물

이 책을 보고 계신 여러분들은 자신을 사랑하고 스스로의 노력에 만족감을 느끼는 분이실 거예요. 아이들을 키우며 바쁜 가운데서도, 자신을 채우는 데 관심이 많으시니까 이런 책을 읽어보고 계신 거겠죠. 66일간의 영어 습관 만들기를 하는 가운데, 여러분들이 매일 스스로 기쁨을 느끼시길 기대하고 바랍니다. Take Your 'Me Time'! 영어 습관 만들기를 포함해서, 여러분이 어떤 일을 하시든 간에 'Me Time'을 가지고 시작하시기를 권해드립니다. 책과 'Me Time'이 준비되었다면, 이제 엄마의 영어 습관 만들기 66일 프로젝트를 함께 시작해 보겠습니다.

---

2. 꿈꾸는 엄마들의 성장카페 〈엄마의 꿈방〉은 서로의 성장을 돕는 꿈친구 엄마들이 모여 실천하는 카페로, 엄마가 아닌 여자로, 한 사람으로 자신의 인생을 살아가려고 노력하는 사람들의 커뮤니티입니다. 저자는 이곳에서 〈맘스 잉글리시 표현사전(넥서스)〉의 영어 스터디를 수년간 운영하며, 엄마들의 영어 습관 만들기를 즐겁게 경험하였습니다.

하루 10분,
아이의 영어 독서 습관을 찾아가는 66일

해리포터를 낄낄대며 읽는 열 살 아이를 보며, 아이에게 영어 책을 수천 시간 읽어주었던 지난 십 년이 헛되지 않았음을 짜릿하게 느끼며, 이제는 엄마의 책 읽기를 졸업하고 싶은 마음입니다. 하지만 아이는 아직도 베드 타임 때면 책을 들이미는데 "이제는 네가 읽어, 엄마는 많이 읽었잖아"라고 말하며 옥신각신하다가, 서로 한 챕터씩 번갈아 읽어주며 제가 먼저 잠이 들곤 합니다. 교육 특구 대치동에서는 수능 영어 1등급은 초등 고학년 때 이미 완성한다고 하죠. 미국, 영국 어린이들이 들으면 깜짝 놀랄 일입니다. 수능 영어 1등급을 목표로 하든, 또는 문화적, 정서적 가치를 추구하든, 아이들에게 본인의 인지 레벨과 흥미에 맞는 영어책을 권해주는 것은 언어 발달에 매우 중요하다는 것을 백 번 강조합니다.

 언어 레벨에 따른 독서
TIP 01 **1점대부터 10점대 이상까지**

지금까지 한국의 영어 책 가이드는 대부분 막연한 '언어 레벨'에 포커스가 되어 있습니다. 우리가 비원어민 입장에서 책을 대하기 때문에 언어 레벨을 의식하며 책이 포함하는 어휘, 문장의 구조에 따라, 레벨을 따라가며 독서를 하는 것은 매우 상식적인 만큼, '근거가 있는' 영어 책의 레벨을 제시해 드리려고 했습니다.

리딩 레벨을 직관적으로 알 수 있는 것은 AR[1] 레벨인데요. AR 1.8이라면 미초등 1학년 8개월 수준의 읽기 수준을 의미합니다. AR이 내용에 포커스된 컴프리헨션을 주로 측정한다면, Lexile[2] 레벨은 주로 어휘, 문장의 구조 등을 기반으로 텍스트의 난이도를 측정하는 도구입니다. 예를 들어, 〈해리포터 시리즈〉 첫 번째 책의 Lexile 지수는 880L입니다. 이 책에서는 공식적으로 표기된 AR 또는 Lexile 레벨을 표기하였습니다.

---

1. AR 레벨: 르네상스 러닝에서 개발한 독서 관리 시스템의 리딩 레벨. 이 시스템은 약 20만 권의 책에 대한 독해 퀴즈를 제공하며, 6만여 미국 공립 학교에서 사용 중입니다. AR Book Finder 사이트에서 책의 AR 레벨을 확인할 수 있습니다. (2020년 현재)

인지 레벨에 따른 독서
TIP 02 토들러, 미취학 어린이, 초등 저/초등 고 어린이

아이의 언어 레벨보다 더 중요한 것은, 어린이의 나이대와 그에 맞는 인지 레벨입니다. 그저 언어 레벨에 따라서 리딩 레벨 올리기를 목표로 독서를 숙제처럼 하는 경우에는 자칫 영어 독서에 대한 흥미를 잃을 수도 있습니다. 예를 들어, 이제 영어를 막 시작한 고학년 어린이가 페파 피그를 본다면 공감하기 참 어렵겠죠. 영어를 잘 한다고 해서 유치원 어린이가 주디 무디의 마음을 자세히 알기 어려운 것도 마찬가지입니다. 우리 아이들의 인지 레벨을 먼저 고려하고, 그 안에서 가능하면 다양한 리딩 레벨의 책을 보여드리려고 최대한 노력했습니다. 영어권 토들러, 미취학 어린이, 초등학교 어린이가 좋아하는 책을 연령대를 구분하여 선정하였고, 그 안에서 난이도가 비교적 쉬운 책과 챕터북이나 논픽션 등 도전이 되는 책까지 리딩 레벨을 고려하여 가능한 한 다양하게 추천해 드리려고 했습니다.

흥미 영역에 따른 독서
TIP 03 66가지 주제별 책 선정 (최신 책 포함)

마지막으로, 독서에 있어서 어린이의 흥미 영역에 가장 집중하시기를 권합니다. 인형을 좋아하는 어린 아기에게는 책과 인형이 세트로 된 책을 만나게 해 주세요. 세균에 빠져 있는 열 살 어린이라면, 세균에 관한 어린이 수준의 사실적인 일러스트레이션이 있는 책으로 보게 하면, 아이의 영어 흥미도가 폭발하게 됩니다.

66가지 가장 흥미로운 주제에 관하여, 인지적 레벨을 구분한 후에, 그 안에서 리딩 레벨(AR 또는 Lexile)에 따라 추천해 드리는 책은 아직까지는 없었습니다. 추천해 드리는 책 리스트와 그것을 소개하는 강의 영상을 통해, 우리 아이가 영어로 달릴 수 있게 하는 바로 그 책을 지금 만나러 함께 가시죠.

---

2. Lexile 지수 – 메타 메트릭스에서 개발한 텍스트 분석 도구로, 어휘와 문장 구조에 포커스해서 지문을 분석하여, 300에서 2000 사이의 숫자로 변환합니다. (책이 아주 쉬운 경우에는 150L로 나옵니다.) Lexile.com 사이트에서 책의 렉사일을 검색해 볼 수 있으며, 아마존 사이트에서 어린이 책 정보에 렉사일을 보여주는 경우가 많습니다.

66일 동안 만드는 영어 습관

엄마와 아이가 말할 수 있는 표현을 66일 동안 연습할 수 있습니다.
필수 문장과 실제 엄마와 아이가 대화할 수 있는 실전 대화문을 수록하였습니다.

엄마와 아이가 할 수 있는 핵심 문장을 정리하였습니다. 하루 10분, 66일 동안
꾸준히 하면 쉽게 표현을 말할 수 있습니다.

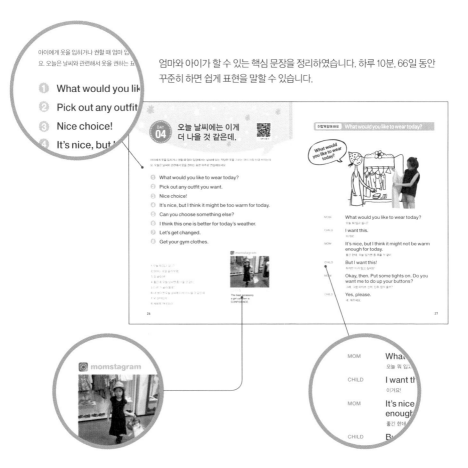

주제와 관련된 상황에서 원어민 엄마들이 많이 공유하는
인스타 문구 표현을 소개합니다.

핵심 표현이 실제로 아이와의 대화에서 사용
되는 예를 볼 수 있습니다.

패턴으로 배우는
엄마표 영어 표현

핵심 문장을 바탕으로 이를 활용한 패턴 말하기 연습을
할 수 있습니다. 실제 아이와 다양하게 문장을 활용해가
며 말하는 연습을 할 수 있습니다.

엄마와 아이가
함께 읽는 영어책

연령별로 아이와 함께 읽기 좋은 영어책 리스트를 정리
하였습니다. AR/Lexile 지수를 함께 표기하여 연령대
별로 원하는 레벨의 영어책을 쉽게 선택할 수 있습니다.

QR코드 이용

휴대폰에서 QR코드 리더기로 아래 QR
코드를 인식하면 이 책의 MP3를 한 번
에 들을 수 있는 페이지가 나옵니다.

MP3

콜롬북스 어플 이용

휴대폰에 콜롬북스 어플을 설치한 후
도서명을 검색하세요.

네이버 오디오 클립 이용

오디오클립에서도 들을 수 있습니다. 컴퓨터
나 휴대폰으로 오디오클립에 접속하여 도서
명을 검색하세요.

넥서스 홈페이지 이용

컴퓨터로 www.nexusbook.com에 접속하면 압축된 MP3 파일을 한 번에 다운받을 수 있습니다.

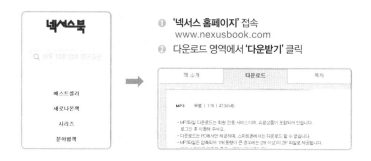

목차

You need to get up now.

Just do it now.

13

DAY 01

늦게까지 깨어 있지
말라고 했지?

🎧MP3 듣기

"Wake up" 외에도 아이를 깨울 때 매일 하는 말은 수도 없이 많지요.
잠을 깨우는 짧지만 강렬한 말을 익혀 보아요.

① **Wakey-wakey!**

② **Rise and shine!**

③ **Come on, sleepyhead.**

④ **Wow, you got up all by yourself?**

⑤ **Promise you will get up in five minutes.**

⑥ **I told you not to stay up late, didn't I?**

⑦ **Hurry up, otherwise you won't have time to eat breakfast.**

🔘 momstagram

1. 일어나, 일어나!

2. 해가 중천에 떴네!

3. 잠꾸러기야, 제발!

4. 와, 혼자 일어난 거야?

5. 5분 안에 일어난다고 약속해.

6. 늦게까지 깨어 있지 말라고 했지, 그랬지?

7. 서둘러. 그렇지 않으면 아침 먹을 시간이 없을 거야.

○ ♡ ☆

The best thing to do first thing
in the morning
is to go right back to sleep.

MOM	**Wakey-wakey! Rise and shine! Come on, sleepyhead.**
	일어나, 일어나! 해가 중천에 떴네! 잠꾸러기야, 제발.
CHILD	**Five more minutes, please.**
	5분만 더요, 제발요.
MOM	**No, Sweetheart. You need to get up now.**
	얘야, 안 돼. 지금 일어나야 해.
MOM	**I told you not to stay up late, didn't I?**
	늦게까지 깨어 있지 말라고 했잖아, 그랬지?
CHILD	**Yes, you did.**
	네, 그러셨어요.
MOM	**Hurry up, otherwise you won't have time to eat breakfast.**
	서둘러, 그렇지 않으면 아침 먹을 시간이 없을 거야.

I told you … 내가 ...라고 말했잖아

내가 전에 이렇게 말한 적 있다고 말할 때 쓰는 패턴이에요. "I told you" 뒤에 to부정사나 부사를 써서 "말했는데, 왜 하지 않았냐"고 아이에게 말할 때 쓰는 표현이에요.

I told you **to go to bed early, didn't I?**
일찍 자라고 했어, 그랬지?

I told you **to wake up now, didn't I?**
지금 일어나라고 했어, 그랬지?

I told you **not to stay up late, didn't I?**
늦게까지 깨어 있지 말라고 했어, 그랬지?

I told you **so.**
내가 그렇게 말했잖아.

I told you **before.**
내가 전에 그렇게 말했는데.

표현 활용하여 문장 말하기

• 내가 전에 말했잖아.

_____ before.

• 지금 일어나라고 했어, 그랬지?

_____ to wake up now, didn't I?

• 늦게까지 깨어 있지 말라고 했어, 그랬지?

_____ not to stay up late, didn't I?

• 내가 그렇게 말했잖아.

_____ so.

• 햇살 가득한 아침에 관한 책

어린이들의 일상 중에서 아침과 태양에 관한 이야기를 다루는 책을 소개합니다. 아장아장 걷는 아이들은 동물을 포함한 자연의 아침에 대해 흥미를 느낄 수 있습니다. 초등 어린이들은 아침 일상의 이야기를 다루는 책뿐만 아니라 지식을 전달하는 아름다운 책을 접하게 해준다면, 자연스럽게 논픽션도 즐기게 될 거예요.

Good Morning
Superman

Rise and Shine!

We've Got the Whole
World In Our Hands

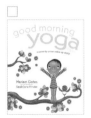

Good Morning
Yoga

Mighty, Mighty
Construction Site

Sunshine Makes
the Seasons

Sun Up, Sun Down

There's No Place
Like Space!

The Mysteries of
the Universe

17

오늘 아침 기분이 어떠니?

🎧 MP3 듣기

아침에 아이의 컨디션이 어떤지 묻는 표현은 어떻게 하면 좋을까요? 안부를 묻는 "How are you"에 "this morning"만 붙이면 아침 기분을 물 수 있습니다. 다양한 대답도 '표현 활용하기'에서 익혀보겠습니다.

① How are you this morning?

② I am pretty good. Thank you.

③ I am as happy as a clam.

④ Could be better.

⑤ I am not feeling so great this morning.

⑥ What's up? Why is that?

⑦ I am still tired from yesterday.

 momstagram

You know how you feel
when you don't know how you feel.
That's exactly how I feel.

1. 오늘 아침 기분 어떠니?
2. 꽤 괜찮아. 고마워.
3. 기분 진짜 좋네.
4. 그다지 좋지 않아.
5. 오늘 아침은 기분이 별로 안 좋아.
6. 무슨 일이야? 왜 그래?
7. 어제 피곤한 게 아직 안 풀렸나보네.

MOM	How are you this morning?
	오늘 아침 기분 어떠니?
CHILD	Could be better. I didn't sleep very well last night.
	그다지 좋지 않아요. 어젯밤에 잠을 설쳤어요.
MOM	Oh, dear! Why didn't you?
	아이고! 왜 그랬을까?
CHILD	I am still tired from yesterday.
	어제 피곤한 게 아직 안 풀렸어요.
MOM	I understand. You had a very busy day yesterday.
	이해해. 너 어제 정말 바빴잖아.
MOM	You should take it easy today.
	오늘은 좀 쉬엄쉬엄 해야겠구나.

"could be better"는 "더 좋을 수도 있었을 텐데", 즉, "그리 좋지 않다"는 뜻이에요.
반대로, "couldn't be better"의 뜻은 "더할 나위 없이 정말 좋다"는 뜻입니다.

A: **How are things?**　요즘 어때?
B: Could be better.　그저 그래.

A: **How are you?**　잘 지내?
B: Could be better.　별로야.

A: **How are you doing?**　잘 지내니?
B: Couldn't be better.　더할 나위 없이 잘 지내지.

What could be better **than being a mother?**
엄마가 되는 것보다 더 좋은 게 어디 있을까?

Wow, your performance couldn't be better.
와, 네 연기는 정말 최고였어.

 표현 활용하여 문장 말하기

· 와, 네 연기는 정말 최고였어.

Wow, your performance _____.

· 엄마가 되는 것보다 더 좋은 게 어디 있을까?

What _____ **than being a mother?**

· 더할 나위 없이 잘 지내지.

_____.

· 그저 그래.

_____.

20

·기분과 감정

어린이들은 다양한 감정을 네이밍(naming)하지는 못하지만 느끼고는 있죠. 이런 아이들에겐 다양한 감정이 있다는 것을 컬러나 캐릭터를 통해서 이야기하면 좋아요. 좀 더 큰 어린이들은 동시에 다양한 감정을 느끼는 것이 이상하지 않고 자연스러운 것임을 책을 통해 이야기할 수 있어요. 아이가 자랄수록 다른 사람의 마음을 이해할 수 있도록 다양한 감정에 관한 책을 접하게 해주세요.

The Bad Seed

The Color Monster

In My Heart

Grumpy Monkey

The Most Magnificent
Thing

The Day
the Crayons Quit

Smile

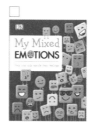

My Mixed Emotions

Me and My Feelings

DAY 03

눈 감아, 안 그러면
눈에 비누 들어가.

◁)) MP3 듣기

잠을 깰 때는 세수하고 양치하는 게 최고인 것 같아요.
오늘은 아침에 화장실에서 쓸 수 있는 표현을 배워 봅시다.

1. Please go and wash your face.

2. Do you want Mommy to help you?

3. Let me help you wash your face.

4. Turn around and let me rub your face.

5. Close your eyes, or you will get soap in them.

6. Here, dry your face with this towel.

7. Don't forget to brush your teeth.

momstagram

KEEP CALM
AND
MOISTURIZE DAILY

1. 가서 세수해.
2. 엄마가 도와줄까?
3. 엄마가 세수하는 거 도와줄게.
4. 돌아봐. 엄마가 얼굴 문질러 줄게.
5. 눈 감아. 안 그러면 비누가 눈에 들어가.
6. 여기, 이 수건으로 얼굴 닦아.
7. 이 닦는 거 잊지 마.

MOM	Sweetie, go to the bathroom and have a wash.
	얘야, 화장실 가서 씻어.
CHILD	I am still sleepy, Mom.
	엄마, 나 아직 졸려요.
MOM	Washing your face should wake you up.
	세수하면 잠이 좀 깰 거야.
MOM	Do you want Mommy to help you?
	엄마가 도와줄까?
CHILD	No, thanks. I will do it by myself.
	아뇨, 괜찮아요. 제가 혼자 할게요.
MOM	Don't forget to brush your teeth.
	이 닦는 것도 잊지 마.

Let me ··· 내가 ∼해 줄게

〈Let me + 동사원형〉의 표현은 "내가 뭘 해줄게"라고 쓰는 표현인데요. 아이들에게 명령어로 이야기할 때도 많지만, 간접적으로 엄마가 이렇게 해 주겠다는 식으로 돌려서 말할 때 자주 사용하는 구문입니다.

Let me **help you.**
내가 도와줄게.

Let me **do it.**
내가 할게.

Let me **cook something for you.**
널 위해 요리를 해줄게.

Let me **make this for you.**
널 위해 이걸 만들어 줄게.

Let me **get it for you.**
너에게 그걸 가져다줄게.

 **표현 활용하여 문장 말하기**

• 내가 도와줄게.

_____ help you.

• 내가 할게.

_____ do it.

• 널 위해 요리를 해줄게.

_____ cook something for you.

• 너에게 그걸 가져다줄게.

_____ get it for you.

•얼굴과 다양성

아이들에게 개성 있는 다양한 사람들의 얼굴을 보여 주며 우리 아이들에게 얼마나 다양한 친구를 만날 수 있는지 책으로 경험하게 해 주세요. 아가들은 귀여운 동물의 얼굴. 여러 인종의 아이들의 얼굴을 보여주시고, 큰 어린이들은 얼굴에 종양을 가지고 태어난 로버트 호지의 실제 경험을 쓴 챕터북 Ugly를 읽어보면 도전이 될 것 같아요.

3~6세

Peek-a WHO?

DreamWorks Shrek

I Love You, Stinky Face

5~9세

We're All Wonders

The Boy Whose Face
Froze Like That

Whoever You Are

8~12세

Spaghetti
in a Hot Dog Bun

The Rough-Face Girl

Ugly

DAY 04

오늘 날씨에는 이게 더 나을 것 같은데.

◁)) MP3 듣기

아이에게 옷을 입히거나 권할 때 엄마 입장에서는 날씨에 맞는 적당한 옷을 고르는 것이 가장 신경 쓰이는데 요. 오늘은 날씨와 관련해서 옷을 권하는 표현 위주로 연습해보세요.

1. What would you like to wear today?

2. Pick out any outfit you want.

3. Nice choice!

4. It's nice, but I think it might be too warm for today.

5. Can you choose something else?

6. I think this one is better for today's weather.

7. Let's get changed.

8. Get your gym clothes.

momstagram

The best accessory
a girl can own is
CONFIDENCE.

1. 오늘 뭐 입고 싶니?
2. 원하는 옷을 골라 보렴.
3. 잘 골랐어!
4. 좋은데, 오늘 날씨엔 좀 더울 것 같아.
5. 다른 거 골라 볼래?
6. 내 생각엔 오늘 날씨에 이게 더 나을 것 같은데.
7. 옷 갈아입자.
8. 체육복 꺼내 와라.

이렇게 말해 봐요 What would you like to wear today?

MOM **What would you like to wear today?**
오늘 뭐 입고 싶니?

CHILD **I want this.**
이거요!

MOM **It's nice, but I think it might not be warm enough for today.**
좋긴 한데, 오늘 입기엔 좀 추울 것 같아.

CHILD **But I want this!**
하지만 이거 입고 싶어요!

MOM **Okay, then. Put some tights on. Do you want me to do up your buttons?**
그래, 그럼 타이츠 신어. 단추 잠가 줄까?

CHILD **Yes, please.**
네, 해주세요.

27

It might be… ~할 것 같아

"It might be ~ 구문"은 "~할 것 같아"라고 추측할 때 쓰는 표현입니다. 이번에는 날씨와 관련되어, 좀 더 울 것 같아, 좀 추울 것 같아 등의 표현으로 연습해 볼게요.

It might be **too warm for today.**
오늘 날씨에 좀 더울 것 같아.

It might **not** be **warm enough for today.**
오늘 날씨에 좀 추울 것 같아. (= 오늘 날씨에는 충분히 따뜻하지 않을 것 같아.)

It might be **too cold to wear this shirt today.**
오늘 이 셔츠를 입기엔 좀 추울 것 같아.

It might be **too hot to wear the leather jacket today.**
오늘 그 가죽 재킷을 입기엔 좀 더울 것 같아.

It might be **too warm to wear this dress with tights today.**
오늘 이 드레스에 타이츠까지 입으면 좀 더울 것 같아.

표현 활용하여 문장 말하기

• 오늘 이 셔츠를 입기엔 좀 추울 것 같아.

　_____ **too cold to wear this shirt today.**

• 오늘 날씨에 좀 추울 것 같아.

　_____ **warm enough for today.**

• 오늘 그 가죽 재킷을 입기엔 좀 더울 것 같아.

　_____ **too hot to wear the leather jacket today.**

• 오늘 날씨에 좀 더울 것 같아.

　_____ **too warm for today.**

•옷

아이들이 태어나 기저귀를 입다가, 자라면서 예쁜 옷을 입혀주고, 결국에는 엄마를 이기고 본인 스타일을 만들어가는 과정을 지켜보면 참 즐겁기도 하고 또 힘들기도 한 일이었던 것 같네요. 기저귀부터 다양한 옷까지, 아이들의 연령에 따라 볼 수 있는 책을 순서대로 권해드립니다. 큰 어린이들에게는 다양한 민족의 의상과 디자이너의 전기도 보여주세요.

Vegetables
in Underwear

Big Boy Underpants

Corduroy

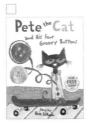
Pete the Cat and His
Four Groovy Buttons

Claris: Fashion Show
Fiasco : The Chicest
Mouse in Paris

Coco Chanel

People

Miraculous: Tales of
Ladybug and Cat Noir

Library of Luminaries:
Coco Chanel

DAY 05

아침 식사는 하루 중 가장 중요해.

◀》MP3 듣기

바쁜 아침 식사 시간. 엄마의 미션은 빨리 그리고 좀 더 많이 먹게 하는 것이죠. 10분간 이루어지는 대화는 "더 먹어, 빨리 먹어"가 대부분이지만, "야채도 먹어봐, 아침 식사가 가장 중요해"란 말도 연습해볼게요.

1. Let's sit at the table and eat breakfast.

2. Have a seat.

3. Breakfast is the most important meal of the day.

4. Try some veggies.

5. They are rather nice.

6. Have some more.

7. You must not talk with food in your mouth.

8. You can leave now.

momstagram

♡ ☆

PLEASE DO NOT DISTURB
I am busy.
Can't you see?

1. 식탁에 앉아서 아침 먹자.

2. 앉으렴.

3. 아침 식사는 하루 중 가장 중요해.

4. 야채를 좀 먹어봐.

5. 꽤 맛있어.

6. 좀 더 먹어.

7. 입 안에 음식 있을 때 얘기하면 안 돼.

8. 이제 가도 돼.

MOM	**Honey, it's time for breakfast! Let's sit at the table and eat breakfast.**
	얘야, 아침 식사 시간이야! 식탁에 앉아서 아침 먹자.
CHILD	**Not hungry, Mom.**
	배 안 고파요, 엄마.
MOM	**Do you mean "I am not hungry?"**
	"나 배 안 고파요."라는 말이니?
CHILD	**Yes, I am not hungry, Mom.**
	네, 나 배 안 고파요.
MOM	**You might not feel hungry now, but you must have breakfast. Try some veggies. They are rather nice.**
	지금은 배가 고프지 않을지도 모르지만, 아침 식사는 꼭 해야 해. 야채를 먹어봐. 꽤 맛있어.

보통 부모님들이 "~ 해야 해" 또는 "~하지 말아야 해!" 등의 일반적으로 어떻게 행동을 해야 한다는 말을 자주 사용하는 편인데요. 의외로 영어로는 Do나 Don't만을 쓰는 경향이 있어요. 명령문은 그 순간의 행동에 대해서 이야기하는 것이고, "우리가 평상시 어떻게 행동해야 한다"는 표현이 더 일관성 있어 보이겠죠?

You must eat breakfast.
아침 식사를 해야 해.

You must sit at the table.
식탁에 앉아야 해.

You must wait until everyone is finished.
모두 (식사를) 마칠 때까지 기다려야 해.

You must not talk with food in your mouth.
입 안에 음식 있을 때 말하면 안 돼.

You must not play with your food.
음식 가지고 장난하면 안 돼.

 **표현 활용하여 문장 말하기**

• 입 안에 음식 있을 때 말하면 안 돼.

_____ not talk with food in your mouth.

• 식탁에 앉아야 해.

_____ sit at the table.

• 아침 식사를 해야 해.

_____ eat breakfast.

• 음식 가지고 장난하면 안 돼.

_____ not play with your food.

• 아침식사와 영양에 관련된 책

팬케이크와 토스트, 그리고 햄과 달걀 등 아이들이 즐겨먹는 음식을 책에서 만나게 해 주세요. 조금 큰 아이들은 영양과 소화에 관한 책으로 확장해주신다면 사회/과학 영역에서 음식 이야기를 재미있게 경험할 수 있어요. 어린이를 위한 요리책을 논픽션으로 읽어보고, 유명한 요리사의 이야기도 접해보아요.

Pancakes!
(Cook In A Book)

Dragons Love Tacos

Blueberries for Sal

Green Eggs and Ham

Lady Pancake and
Sir French Toast

Good Enough to Eat

The Complete
Cookbook for Young
Chefs

Who Was Julia Child?

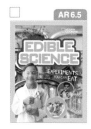

Edible Science

DAY 06

얼른 학교 갈 준비 해야지.

▶ MP3 듣기

바쁜 아침 시간, 부모님의 마음은 급한데, 아이들은 할 것을 다 하지요?
아침에 학교 가기 전에 확인해야 하는 말, 그리고 재촉하는 말을 익혀서 빠르게 말해 보면 좋겠습니다.

1. You need to get ready for school.
2. No time for playing!
3. You are still wearing your jammies.
4. Remember to take your school notebook.
5. Did you finish your homework?
6. Where is your art gown?
7. Go get it now!
8. Let's get going, otherwise you will be late.

momstagram

1. 얼른 학교 갈 준비해.
2. 놀 시간 없어!
3. 너 아직도 잠옷 바람이야.
4. 알림장 가져가는 거 기억해.
5. 숙제는 다 했지?
6. 미술 가운 어디 있어?
7. 당장 가져와.
8. 얼른 가자, 안 그러면 너 늦을 것 같아.

♡ ☆

Develop a passion for learning.
If you do, you will never cease to
grow. -Anthony J. D'Angelo

MOM
Let's get ready for school, Honey.
얘야, 학교 갈 준비 하자.

CHILD
Okay, Mom.
네, 엄마.

MOM
Let me see, you have art class today, right?
어디 보자, 너 오늘 미술 수업 있네, 그렇지?

MOM
Where is your art gown? Go get it now!
미술 가운 어디 있지? 당장 가져와!

CHILD
I can't find it.
못 찾겠어요.

MOM
Didn't I tell you to pack your bag before you went to bed?
내가 잠자기 전에 가방 싸놓으라고 했지?

CHILD
Sorry, I will do that tonight.
죄송해요, 오늘 밤엔 그렇게 할게요.

표현 활용하기 Let's get… ~하자

우리는 일반적으로 Let's 뒤에 동사원형 형태로 많이 알고 있지만, Let's get 진행형 또는 과거형을 써서 좀 더 적극적인 뉘앙스의 말을 할 수 있어요. 뿐만 아니라 Let's get 으로 시작되는 관용 표현도 있으니 문장을 통으로 외우면 좋아요.

Let's get going.
얼른 가자.

Let's get started.
이제 시작하자.

Let's get moving.
어서 움직이자.

Let's get it on.
이제 시작하자.

Let's get it over with.
빨리 끝내버리자.

표현 활용하여 문장 말하기

• 어서 움직이자.

_____ moving.

• 얼른 가자.

_____ going.

• 빨리 끝내버리자.

_____ it over with.

• 이제 시작하자.

_____ it on.

·가방과 학교 갈 준비

아이들의 가방 속에는 별의별 물건이 다 담겨 있어요. 어쩌면 꼭 필요하지 않을 것 같은 물건까지 말이죠. 아이들은 어릴 때부터 집이나 놀이를 위한 기관에서 친구들을 만나기도 하고, 자라면서 유치원과 학교에 가게 되는데요. 학교에 가는 모습을 다양한 캐릭터로 만나본다면 함께 공감할 수 있어요.

My Mommy's Tote

Wee Granny's
Magic Bag

The Lady with the
Alligator Purse

The Monster in the
Backpack

Lilly's Purple Plastic
Purse

Paddington's Big
Suitcase

One Plastic Bag

In the Bag!

Dragons in a Bag

엘리베이터 좀 잡아 줄래?

🎧 MP3 듣기

아이들은 엘리베이터를 타면 장난을 치고 싶어 하기도 하지만 엘리베이터에서는 예절을 지키는 것도 중요합니다. 엘리베이터에서 쓸 수 있는 표현을 알아볼게요.

1. **Press the button for the elevator.**

2. **Can you hold the elevator for Mommy?**

3. **You should wait until everyone gets out.**

4. **Never lean on the elevator door.**

5. **Do not jump up and down in the elevator.**

6. **Watch your hand.**

7. **Make sure you are at the right floor when you get out.**

momstagram

So proud of himself.
And I am so proud of my son.

1. 엘리베이터 버튼 눌러.
2. (엄마를 위해) 엘리베이터 좀 잡아줄래?
3. 모두 내릴 때까지 기다려야 한단다.
4. 엘리베이터 문에 기대면 절대 안 돼.
5. 엘리베이터 안에서 뛰면 안 된다.
6. 손 조심해.
7. 내릴 때 몇 층인지 확인해.

MOM
Sweetie, can you please hold the elevator?
얘야, 엘리베이터 좀 잡아 줄래?

CHILD
Of course I can! Mommy, it's here. Hurry up!
물론이죠! 엄마, 왔어요. 빨리요!

MOM
Thanks, sweetie.
고마워, 얘야.

Will you press the button for the first floor?
1층 버튼 좀 눌러 줄래?

CHILD
Yes, I will do it.
네, 제가 할게요.

MOM
Stop! Don't push all the buttons! There might be other people waiting for the elevator.
그만! 엘리베이터 버튼 다 누르면 안 돼! 다른 사람들이 엘리베이터를 기다릴지도 몰라.

Get on/off… ~타다/내리다

엘리베이터나 차에 타고 내릴 때 get에 다양한 전치사가 붙어서 활용됩니다.
아래 문장을 익히고 상황에 따라 빠르게 적용하도록 하세요.

Get on the train[bus, subway]
기차[버스, 지하철]를 타다

Get off the train[bus, subway]
기차[버스, 지하철]에서 내리다

Get in the car[taxi, elevator]
차[택시, 엘리베이터]를 타다

Get on the boat[plane]
보트[비행기]를 타다

Get into the boat
보트 안에 들어가다.

 표현 **활용하여 문장 말하기**

- 기차[버스, 지하철]에서 내리다

  _____ the train[bus, subway]

- 보트 안에 들어가다.

  _____ the boat

- 기차[버스, 지하철]를 타다

  _____ the train[bus, subway]

- 차[택시, 엘리베이터]를 타다

  _____ the car[taxi, elevator]

·집과 건물

어린 아이들에게는 동물의 집, 다양한 재료로 만들어진 집을 친근한 이야기를 통해 보여주세요. 조금 큰 어린이들에게는 집이 지어지는 과정에 대해서도 이야기를 나누어 보고, 높은 빌딩이나 공주가 사는 성을 책을 통해 만나보아요. 아이의 관심사에 따라 뉴욕의 엠파이어스테이트 빌딩과 엘리베이터를 만든 오티스의 이야기도 흥미로울 거예요.

Big Red Barn

Welcome Home, Bear

The Three Little Pigs

Home

How to Code
a Sandcastle

Iggy Peck Architect

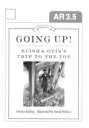

Going Up!: Elisha Otis's
Trip to the Top

Science Comics:
Skyscrapers: The
Heights of Engineering

New York, New York!: The
Big Apple from A to Z

DAY 08

횡단보도에서는 절대로 뛰면 안 돼.

▶ MP3 듣기

바쁜 아침 시간, 학교나 유치원에 갈 때는 안전하게 가는 것이 무엇보다 중요합니다.
걸으며 주의해야 할 표현을 익혀볼게요.

1. Hold my hand and walk together.
2. I think we should speed up a little.
3. We are running late.
4. Am I walking too fast?
5. Are you out of breath?
6. We are at the crosswalk.
7. Look both ways to see if it's okay before crossing.
8. Never run across the pedestrian crossing.

1. 엄마 손 잡고 같이 걷자.
2. 우리 조금만 더 속도를 낼까?
3. 우리 늦었어.
4. 엄마가 너무 빨리 걷나?
5. 조금 천천히 갈까?
6. 횡단보도에 왔네.
7. 건너기 전에 괜찮은지 양쪽 다 살펴봐야 해.
8. 횡단보도에서는 절대로 뛰면 안 돼.

momstagram

JKG!
Just Keep Going!

> Let's walk to school today.

MOM
Let's walk to school today. It's beautiful and sunny.
오늘은 학교까지 걸어가자. 날씨가 너무 좋고 화창하네.

CHILD
How long does it take to school on foot?
걸어서 학교까진 얼마나 걸려요?

MOM
It takes about 10 minutes on foot.
걸어서 10분 정도 걸려.

CHILD
Mommy, can we slow down a bit?
엄마, 우리 조금만 천천히 가면 안 돼요?

MOM
Oh dear, are you out of breath? Sorry, darling.
아이고, 숨차니? 미안해, 얘야.

CHILD
That's okay.
괜찮아요.

MOM
Oh, we missed the green light. Bummer!
어, 우리 신호 놓쳤네. 저런!

Never··· 절대 ~하지 마

금지하는 명령문은 흔히 Don't를 사용하지만, Never로 문장을 만들면 부정의 의미가 더욱 강해집니다.
안전에 관련된 것은 강하게 안 된다고 표현해보세요.

Never jump up and down on the bed.
침대에서 절대 뛰지 마.

Never run around in the house.
집 안에서 절대 뛰어다니지 마.

Never hit your brother.
네 동생[형] 절대 때리지 마.

Never talk back to your mom.
엄마에게 절대 말대꾸하지 마라.

Never ever do that again.
다시는 그거 하지 마.

표현 활용하여 문장 말하기

• 엄마에게 절대 말대꾸하지 마라.

_____ talk back to your mom.

• 다시는 그거 하지 마.

_____ ever do that again.

• 집 안에서 절대 뛰어다니지 마.

_____ run around in the house.

• 네 동생[형] 절대 때리지 마.

_____ hit your brother.

·도시 생활

요즘은 예전 세대와는 달리 대부분 도시에서 생활하고 있어 어린이에게 복잡한 도로와 붐비는 골목길은 어쩌면 고향 같은 느낌을 주기도 합니다. 어린이들이 곳곳에서 만날 수 있는 도시의 교통 수단과 사람들, 그리고 골목과 땅 아래의 세상까지 픽션과 논픽션으로 다양하게 접해보면 좋겠습니다.

Little Elliot, Big City

Nana in the City

Maybe Something Beautiful

Last Stop on Market Street

Town Mouse, Country Mouse

The street Beneath My Feet

If You Were Me and Lived in...Ancient Greece

When You Reach Me

The Vanderbeekers of 141st Street

DAY 09

이따가 학교 정문으로 데리러 갈게.

MP3 듣기

유치원이나 학교에 들어가기 전에 아이에게 손 흔들어주는 부모님들을 보면 마치 응원단 같은 느낌을 받습니다. 학교에서 재미있게 보내라고 긍정의 메시지를 힘차게 보내주세요.

1. Behave yourself at school.

2. Make sure you always cross at crosswalks.

3. Don't play with your cell phone on the street.

4. Come home straight from school.

5. I'll pick you up at the school gate later.

6. I hope you have a fun day at school!

7. Good luck with the test today!

8. See you after school.

momstagram

1. 학교에서 올바르게 행동해.
2. 항상 횡단보도로 건너야 해.
3. 길거리에서 휴대폰 갖고 놀지 마.
4. 학교에서 집으로 곧장 와.
5. 이따가 학교 정문으로 데리러 갈게.
6. 학교에서 재미있게 보내렴!
7. 오늘 시험 잘 봐!
8. 학교 끝나고 보자.

Look To The Front, Please.

46

> You have a nice day, Honey.

MOM Are you ready to leave now?
이제 나갈 준비 됐니?

CHILD Yes, I am.
네.

MOM Make sure you always cross at crosswalks.
항상 횡단보도로 건너야 한다.

CHILD I know, I know. I am not a baby anymore.
알아요. 알아. 난 이제 아기가 아니라고요.

MOM You know you must not follow strangers, right?
낯선 사람 따라가면 안 되는 거 알지?

CHILD Of course I know!
당연히 알죠!

MOM Give me a hug. You have a nice day, Honey.
엄마 안아줘. 좋은 하루 보내, 얘야.

make sure 뒤에 문장을 쓰면 '~ 해야 한다'라는 의미로 '꼭 해라', '명심해' 또는 '확인하다' 정도로 해석할 수 있어요. 아이에게 당부를 할 때 많이 쓰이는 표현이니 문장으로 익혀 봅시다.

Make sure you always cross at crosswalks.
항상 횡단보도로 건너야 해.

Make sure you always listen to your teacher.
항상 선생님 말씀 잘 들어야 해.

Make sure you always behave yourself.
항상 바르게 행동해야 해.

Make sure you never follow strangers.
절대 낯선 사람을 따라가면 안 돼.

Make sure you never walk down narrow alleys.
절대 좁은 골목으로 다니지 마.

표현 활용하여 문장 말하기

• 항상 선생님 말씀 잘 들어야 해.

_____ you always listen to your teacher.

• 절대 좁은 골목으로 다니지 마.

_____ you never walk down narrow alleys.

• 항상 바르게 행동해야 해.

_____ you always behave yourself.

• 항상 횡단보도로 건너야 해.

_____ you always cross at crosswalks.

•학교 생활과 매너에 관련된 책

학교나 기관에 다니는 아이들은 사회성을 배우는 것이 중요합니다. 이런 학교 생활에 대한 주제는
책으로 만나보고 상황에 대해 공감하거나 대화해보는 것이 이야기하기 좋은 것 같습니다. 우리나
라보다는 매너에 대해서 예민하게 가르치는 영미권 문화의 선택하여 책을 연령에 따라 다양하게
접하게 해 주세요.

The Thank You Book

Lacey Walker,
Nonstop Talker

Madeline Says Merci

Miss Nelson Is Missing

Proverbs for Young
People

My Mouth Is a Volcano!

Dude, That's Rude!:
(Get Some Manners)

What Should Danny do?
School Day

A Smart Girl's Guide:
Manners

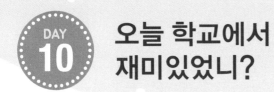

DAY 10

오늘 학교에서 재미있었니?

🔊 MP3 듣기

학교에 다녀온 아이에게 엄마는 늘 궁금한 게 많습니다. 밥은 잘 먹었는지, 친구랑 재미있게 놀았는지요. 하지만 대부분의 아이들은 "네, 아니요"의 단답형의 답을 하고는 집에서 뭘 하고 놀지만 생각하는 것 같네요.

1 I'm sorry I kept you waiting.

2 Did you have fun at school today?

3 Did you eat all of your lunch?

4 Aren't you tired?

5 Who did you play with?

6 What did you enjoy the most at school?

7 Did you listen carefully to your teacher today?

momstagram

♡ ☆

True friends are always together in spirit

1. 기다리게 해서 미안해.
2. 오늘 학교에서 재미있었니?
3. 점심은 다 먹었니?
4. 피곤하지 않아?
5. 어떤 친구랑 놀았니?
6. 학교에서 뭐가 가장 재미있었니?
7. 오늘 선생님 말씀은 잘 들었니?

It was fun and also hard.

It was fun and also hard.

MOM
Did you have fun at school today?
오늘 학교에서 재미있었니?

CHILD
It was fun and also hard.
재미있었지만 힘들었어요.

MOM
What made it so hard? Was it hard for you to study?
뭐가 그렇게 힘들었을까? 공부하는 게 힘들었어?

CHILD
Not really.
꼭 그렇지만은 않아요.

MOM
Then why did you say that?
그럼 왜 그렇게 말하는 건데?

CHILD
I had a PE class today.
오늘 체육 수업이 있었어요.

Did you have…? ～했니?

동사 have의 활용은 정말 다양한데요. '좋은 하루를 보내다', '잘 자다' 등의 시간을 보냈다는 문장에서의 "～을 보내다"는 의미 위주로 연습을 해 보겠습니다.

Did you have **a good day?**
즐거운 하루 보냈니?

Did you have **a good sleep?**
잘 잤니?

Did you have **a good weekend?**
주말 잘 보냈어?

Did you have **fun at school?**
학교에서 재미있었어?

Did you have **any trouble at school?**
학교에서 어려운 점은 없었니?

 표현 활용하여 문장 말하기

• 주말 잘 보냈어?

_____ a good weekend?

• 학교에서 어려운 점은 없었니?

_____ any trouble at school?

• 즐거운 하루 보냈니?

_____ a good day?

• 잘 잤니?

_____ a good sleep?

• 친구 관계 관련 책

나이가 어린 아이들은 자신과 타인의 차이에 대해서 민감하게 생각하긴 어렵지만, 친근한 이야기 구조 속에서 서로 다른 존재가 함께 하는 모습을 자주 보는 것이 좋아요. 아이들이 커가면서 어떤 친구를 만나는가, 내가 어떤 친구가 되어 주는가에 대해 많이 고민하게 됩니다. 이런 주제를 픽션 과 논픽션으로 보여주며 아이와 함께 이야기를 나누어 보세요.

AR 1.2

Stick and Stone

AR 1.4

The Big Umbrella

AR 1.9

Be a Friend

AR 2.1

How Do Dinosaurs Play with Their Friends?

AR 2.6

Purplicious

AR 4.0

Otis

AR 2.6

Real Friends

AR 3.6

The One and Only Ivan

The Three Musketeers

DAY 11

네가 하기로 한 건 해야지.

MP3 듣기

아이에게 해야 할 일을 알려주고, 실천하도록 도와주는 일도 부모가 해야 할 일이지요.
오늘은 아이가 책임감을 가질 수 있도록 도와주는 표현을 익혀 볼게요.

1. Go and press the elevator button.

2. Will you go and open the door, please?

3. Don't say the code number out loud.

4. Did you practice piano today?

5. As promised, you need to do one page of this workbook every day.

6. You didn't do it yesterday, either.

7. You must do what you promise to do.

momstagram

If you want children to keep their feet on the ground, put some responsibility on their shoulders.

1. 가서 엘리베이터 버튼 눌러라.
2. 가서 문 좀 열어 줄래?
3. 비밀번호를 소리내어 말하면 안 돼.
4. 오늘 피아노 연습 했니?
5. 약속대로 매일 문제집 한 장 풀어야지.
6. 어제도 안 했잖아.
7. 네가 하기로 한 건 해야지.

MOM	**Did you practice piano today?** 오늘 피아노 연습 했니?
CHILD	**Yes, I did it a while ago.** 네, 아까 했어요.
MOM	**Okay, then. Do your workbook now.** 좋아. 이제 문제집 풀어라.
CHILD	**Can I do it tomorrow?** 내일 해도 돼요?
MOM	**You didn't do it yesterday, either. You must do what you promise to do.** 어제도 안 했잖아. 네가 하기로 한 건 해야지.
CHILD	**I will do it later.** 이따가 할게요.
MOM	**Don't delay. Just do it now.** 미루지 마. 지금 해.

···either 역시 아니다(부정문)

either는 부정문에서 긍정문의 too처럼 '마찬가지로 ~'라는 의미로 쓰입니다. 한국어로 해석할 때는 "역시 ~아니다"라고 할 수 있습니다.

He won't do that and I won't, either.

그도 안 할 거고 나도 안 할 거야.

I don't know, either.

나도 몰라.

I wasn't there, either.

나도 거기 없었어.

There is no one, either.

거기엔 아무도 없어.

A: I don't like it.

난 그거 안 좋아해.

B: Me, either.

나도 그래.

 표현 활용하여 문장 말하기

• 나도 거기 없었어.

I wasn't there, _____.

• 그도 안 할 거고 나도 안 할 거야.

He won't do that and I won't, _____.

• 거기엔 아무도 없어.

There is no one, _____.

• 나도 거기 없었어.

I wasn't there, _____.

· 어린이의 할 일과 책임에 관련된 책

아이들에게도 각자의 역할과 책임이 있다는 것을 이야기 속에서 자연스럽게 알려줄 수 있어요. 자신과 닮은 캐릭터를 통해서 공감하고 느끼는 바가 있을 거예요. 영어권 문화에서는 어려서부터 아이들이 집안일을 돕는데요. 우리 아이들도 책을 통해 역할과 책임에 대해 배우고 이야기를 나누면 좋을 것 같습니다.

Edie Is Ever So Helpful

Pearl

Three Bears in a Boat

Train Your Dragon to Be Responsible

If You Happen to Have a DInosaur

The Story about Ping

Even Superheroes Make MIstakes

Strega Nona

The adventures of Pippi Longstocking

DAY 12

비누로 손 깨끗이 씻어.

🎧 MP3 듣기

하교 후 또는 하원 후 아이에게 먼저 손 씻기, 옷 갈아입기를 시키게 되는데요. 매일 하는 루틴임에도, 매일 앵무새처럼 이야기를 해야만 하게 되네요.

1. You sweat a lot.

2. Change into something comfortable.

3. Get some other clothes.

4. I told you not to take off your socks inside out.

5. It was too hot and humid today.

6. You might as well take a shower.

7. Wash your hands with soap.

When you know it's time to get your nails done again.

1. 땀 많이 났네.
2. 편한 옷으로 갈아입으렴.
3. 다른 옷 입자.
4. 양말 뒤집어 벗지 말라고 했지.
5. 오늘 너무 덥고 습했어.
6. 샤워하는 게 낫겠어.
7. 비누로 손 깨끗하게 씻어라.

Let me wash my hands first.

MOM	**I told you not to take off your socks inside out.** 양말 뒤집어 벗지 말라고 했지.
CHILD	**I'm trying, but it isn't working well.** 그러려는데 잘 안 돼요.
MOM	**Just take them off more carefully. Hey, you sweat a lot. You might as well take a shower.** 더 신경 써서 벗어 봐. 이런, 땀이 많이 났네. 샤워하는 게 낫겠어.
CHILD	**May I shower with Barbie?** 바비 인형이랑 같이 샤워해도 돼요?
MOM	**Yes, you may. And change into something comfortable.** 물론이지. 그리고 편한 옷으로 갈아입어.

might as well은 "~하는 편이 낫겠어"라는 뜻입니다. 그런데 그냥 이유 없이 뭘 하는 게 좋겠다라기보다는, 지금 상황이 이러하니, "그러는 게 낫겠어"라는 뉘앙스가 있어요. "땀이 많이 났네. 그러면 샤워하는 게 좋겠어"라는 식입니다. 상황에 맞게 순발력 있게 사용해 주세요.

Might as well.
그러는 게 좋겠어.

You might as well take a nap.
한숨 자는 게 낫겠어.

You might as well tell the truth.
솔직하게 말하는 게 낫겠어.

You might as well do it now.
지금 하는 게 낫겠어.

You might as well do it yourself.
네가 직접 하는 게 낫겠어.

 표현 활용하여 문장 말하기

• 지금 하는 게 낫겠어.

You _____ do it now.

• 한숨 자는 게 낫겠어.

You _____ take a nap.

• 솔직하게 말하는 게 낫겠어.

You _____ do it now.

• 네가 직접 하는 게 낫겠어.

You _____ do it yourself.

· 씻기와 세균에 관련된 책

큐리어스 조지, 꼬마과학자 시드, 매직 스쿨 버스 등 친근한 캐릭터로 세균이 우리 몸에 미치는 영향에 대해서 다양한 연령대의 아이들에게 책으로 재미있는 이야기를 접하게 해주세요. 큰 어린이들에게는 역사 속의 전염병이나 미생물에 대해서 사회/과학 영역으로 확장해서 읽게 해주면 좋습니다.

AR 2.4

AR 2.6

Germs Are Not for
Sharing

Sick SImon

Do Not Lick This Book

AR 2.7

AR 3.7

AR 4.6

A Germ's Journey

Germs Make Me Sick!

Curious George
Discovers Germs

AR 4.0

AR 5.9

AR 5.6

Unicorns and Germs

You Wouldn't Want
to Be Sick in the 16th
Century!

Understanding Viruses
with Max Axiom, Super
Scientist

지금은 조금만 먹어.

🎧 MP3 듣기

학교에 다녀오면 배고픈 아이들, 얼른 간식 주고 저녁 준비를 해야 하죠.
간식을 먹으면서 쓸 수 있는 표현을 익혀볼게요.

1 Let's have some snacks.

2 I made Tteok-bokki for you.

3 Tell me if you want more to eat.

4 You get the same amount as your brothers.

5 Stop fighting over food.

6 Don't chew with your mouth open.

7 Have a little now.

8 You are going to have dinner soon.

momstagram

1. 간식 먹자.
2. 엄마가 떡볶이를 만들었단다.
3. 좀 더 먹고 싶으면 말하렴.
4. 네 거랑 오빠 거랑 똑같아.
5. 먹는 거 가지고 싸우지 좀 말아라.
6. 먹을 땐 입 벌리지 말고.
7. 지금은 조금만 먹어.
8. 곧 저녁 먹을 거야.

○ ♡ ☆   ⬜

"Elegance is the only beauty that
never fades."
- Audrey Hepburn

MOM

Let's have some snacks.

간식 먹자.

CHILD

Do we have any ice cream?

아이스크림 있어요?

MOM

No, but I made Tteok-bokki for you. Have a little now. You are going to have dinner soon.

아니. 대신 엄마가 떡볶이를 만들었단다. 지금은 조금만 먹어. 곧 저녁 먹을 거잖아.

CHILD

He got much more than me.

오빠 거가 내 거보다 훨씬 더 많아요.

MOM

You got the same amount as your brothers. Stop fighting over food.

네 거랑 오빠 거랑 똑같아. 음식 가지고 그만 좀 싸워.

CHILD

Make me a corn dog next time, Mom.

다음엔 핫도그 만들어 주세요, 엄마.

stop -ing ~를 그만하다

"stop -ing" 표현은 지금 하고 있던 것을 멈추라는 의미입니다. "Stop to 부정사"는 to + 동사 를 하기 위해서 멈추자는 의미입니다. 아래의 예문에서, stop eating은 지금 먹던 것을 멈추자는 뜻이고, stop to eat은 먹기 위해 가던 길을 멈추라는 뜻입니다.

Stop bothering your sister.
언니 좀 귀찮게 하지 마.

Stop talking and just eat.
이야기 그만하고 어서 먹어.

Stop eating. You ate too much.
그만 먹어. 너무 많이 먹었어.

No one can stop you.
널 누가 말리겠니.

Let's stop to eat some snacks.
간식 먹게 (가던 것을) 멈추자.

 표현 활용하여 문장 말하기

• 간식 먹게 (가던 것을) 멈추자.

Let's _____ eat some snacks.

• 이야기 그만하고 어서 먹어.

_____ and just eat.

• 널 누가 말리겠니.

No one can _____ you.

• 언니 좀 귀찮게 하지 마.

_____ your sister.

·간식과 티파티에 관련된 책

학교에 다녀와서 먹는 간식은 엄마의 사랑이 느껴지는 휴식 같은 것이죠. 간식과 관련되어 아이들이 테이블 매너를 배워볼 수도 있고요, 서양의 전통적인 티파티 문화를 간식과 음료 한 잔과 더불어 즐겨볼 수도 있어요. 간식 먹으러 온 호랑이와 이상한 나라의 앨리스는 많은 어린이들이 사랑하는 명작이기 때문에 꼭 읽어보면 좋겠어요.

Cami Kangaroo Has
Too Many Sweets

Who Took the Cookies
from the Cookie Jar?

My Very First Tea Party

Alice in Wonderland
(First Favourite Tales)

The Gingerbread Man
Loose in the School

The TIger
Who Came to Tea

Table Talk:
A Book about Table
Manners

Colonial Voices:
Hear Them Speak

Alice's Adventures in
Wonderland

제가 택배 받을게요.

🎧 MP3 듣기

대부분 온라인에서 쇼핑을 하는 요즘에는 하루에 한두 번은 택배를 받는 것 같아요. 아이들은 언박싱하는 것을 너무 좋아하죠. 친구 부모님이나 이웃에게 인사하는 것도 습관이 되도록 하면 좋습니다.

❶ The doorbell is ringing.

❷ Don't open the door for strangers.

❸ It's a delivery man.

❹ Could you open the door?

❺ Let me get the package.

❻ Say hello to our guest.

❼ Be polite when you greet someone.

📷 **momstagram**

1. 초인종이 울리네.
2. 모르는 사람은 문 열어 주지 마.
3. 택배 아저씨네.
4. 문 좀 열어 줄래?
5. 택배 내가 받을게.
6. 손님에게 인사해야지.
7. 인사할 때는 예의 바르게 해.

♡ ☆

Who am I?
Nobody!

MOM   The doorbell is ringing.

초인종이 울리네.

CHILD   Let me get the door.

제가 열게요.

MOM   Oh, it's a delivery man.

오, 택배 아저씨구나.

CHILD   Let me get the package.

제가 택배 받을게요.

MOM   OK. And say "Thank you." to the delivery man.

그러럼. 그리고 택배 아저씨한테 고맙다고 인사드려.

CHILD   Can I unbox the package?

제가 택배 뜯어도 돼요?

MOM   Why not? It's your job!

왜 안 되겠어? 네 일인데.

when…   ~할 때

when절은 '~할 때'라는 의미의 구문인데요. 여기서는 when절을 뒤에 넣어 말하는 연습을 해 보아요. 한국인들이 보통은 "when I talk to you" 뒤에 "look at me"라는 식으로 문장을 자주 말하는데요. 중요한 메시지를 먼저 전하고 그 후에 상황을 붙이는 것이 더 효과적인 말하기 방식입니다.

Look at me when I talk to you.
내가 말할 때는 날 봐.

I was busy when you called.
네가 전화했을 때 바빴어.

Let's do it again when you come back.
돌아오면 다시 해 보자.

You may watch TV when you finish your homework.
숙제 다 하면 TV 봐도 돼.

Don't make any noise when Dad is sleeping.
아빠 주무실 때 시끄럽게 하지 마.

 **표현 활용하여 문장 말하기**

- 내가 말할 때는 날 봐.

Look at me _____ I talk to you.

- 아빠 주무실 때 시끄럽게 하지 마.

Don't make any noise _____ Dad is sleeping.

- 네가 전화했을 때 바빴어.

I was busy _____ you called.

- 돌아오면 다시 해 보자.

Let's do it again _____ you come back.

• 안전에 관련된 책

어린이의 안전에 관련된 이전의 책들을 보면 물이나 불 등 사고에 대비하는 이야기와 낯선 사람을 조심하자는 메시지가 대부분이었는데요. 점차 아이들의 몸을 지킬 수 있는 법을 알려주는 책과 온라인 시큐리티와 관련된 책이 나오고 있습니다. 아이들의 연령에 맞게 조심스러운 이야기도 자연스럽게 접하게 해주시면 좋겠어요.

Wolf in the Snow

God Made All of Me: A Book to Help Children Protect Their Bodies

The Berenstain Bears Learn About Strangers

#Goldilocks (Online Safety Picture Books)

I said No! A Kid-to-kid Guide to Keeping Private Parts Private

Home Alone

The Technology Tail: A Digital Footprint Story

A Treasure at Sea for Dragon and Me

Some Secrets Should Never Be Kept

DAY
15

아빠한테 전화해 보자.

◁» MP3 듣기

핸드폰은 아이들에게도 너무 친숙한 도구가 되었어요.
아이들에게 전화받는 예절에 대해서도 알려주고, 전화와 관련된 표현도 익혀볼게요.

① **Will you pick up the phone for me?**

② **Ask him to hold the line.**

③ **Put Mom on the phone.**

④ **Please tell him I'll call back later.**

⑤ **Hang up the phone after he hangs up.**

⑥ **The line was cut off.**

⑦ **Let's call Dad.**

⑧ **There's no answer.**

momstagram

○ ♡ ☆   ◻

Dude, email me
Talking on the phone is
so 90s.

1. 전화 좀 대신 받아 줄래?
2. 잠깐만 기다려 달라고 말씀드려.
3. 엄마 바꿔 줘.
4. 나중에 다시 전화드린다고 전해 줘.
5. 상대가 전화를 끊은 다음에 끊어야지.
6. 전화가 끊겼네.
7. 아빠에게 전화해 보자.
8. 전화를 안 받으시네.

There's no answer.

MOM	Let's call Dad.

아빠한테 전화해 보자.

CHILD	There's no answer.

안 받으시는데요.

MOM	Hmm…. He must be busy. Oh, it's Dad. Dad called back.

흠……. 아빠가 바쁘신가 봐. 어, 아빠다. 아빠가 다시 전화해 줬네.

CHILD	I'll answer it.

제가 받을게요.

MOM	Speak clearly when you talk on the phone. Don't hang up the phone and put Mom on the phone.

전화할 땐 또박또박 말해야지. 전화 끊지 말고 엄마 바꿔 줘.

CHILD	Here you are.

여기 있어요.

"There is~"는 우리에게 익숙한 "~이 있다"는 표현입니다. 일반적으로 첫 번째 예문처럼 그 후에 장소를 나타내는 구문과 함께 이어져 오는 것이 자연스러운 사용법입니다. 그런데, 꼭 물건이 아니더라도 phone call이 있다, 또는 문제가 있다는 의미의 추상적인 개념에도 다양하게 활용되는 편입니다.

There is a popsicle in the freezer.
냉동실에 아이스바가 있어.

There is a present for you.
네 선물이 있어.

There is a phone call for you.
너 찾는 전화 왔다.

There is a big problem.
문제가 생겼어.

There is no one.
아무도 없네.

표현 활용하여 문장 말하기

• 너 찾는 전화 왔다.

_____ a phone call for you.

• 문제가 생겼어.

_____ a big problem.

• 네 선물이 있어.

_____ a present for you.

• 냉동실에 아이스바가 있어.

_____ a popsicle in the freezer.

•전화와 커뮤니케이션에 관련된 책

전자기기가 발달한 시대에 살면서 다양한 통신 기기를 거친 부모 세대가 아이들에게는 예전 통신
수단에 대해 이야기해주면 새롭고 신기하기도 해서 아이들은 좋아합니다. 모스 부호 카드로 놀아
보기도 하고, 전화와 소셜 미디어 사용 예절도 배우고, 무엇보다 다양한 발명품에 대해 많은 이야
기를 나눌 수 있어요.

It's time to call 911

Telephone

What does the Fox Say?

Webster's Manners

Grandma's in the
Phone!

Phones Keep Us
Connected

Jackrabbit McCabe and
the Electric Telegraph

Who Was Steve Jobs

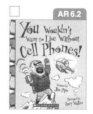

You Wouldn't want
to Live Without Cell
Phones!

DAY 16

저녁 먹을 준비됐니?

(◀) MP3 듣기

정신없이 급하게 먹은 아침 식사 시간과는 다르게 저녁에는 이것저것 챙겨 먹이게 되는데요.
저녁 식사와 관련된 표현을 익혀볼게요.

① **Honey, are you ready for dinner?**

② **It's time for dinner.**

③ **Will you say grace?**

④ **Darling, try this one.**

⑤ **It's good for your health.**

⑥ **Will you have some more?**

⑦ **It's all gone. Well done!**

momstagram

Eating crab legs…
Snaps leg
All meat comes out in one piece

1. 얘야, 저녁 먹을 준비 됐니?
2. 지금 저녁 먹을 시간이야.
3. 네가 기도해 줄래?
4. 얘야, 이거 먹어 봐.
5. 몸에 좋은 거야.
6. 더 먹을래?
7. 다 먹었네, 잘 했어!

CHILD
Dad, you're not eating any vegetables.
아빠, 야채를 안 드시네요.

DAD
Because I like meat.
아빠는 고기를 좋아하거든.

CHILD
Mom, look at Dad. He's not eating the vegetables.
엄마, 아빠 좀 보세요. 아빠가 야채를 안 먹어요.

MOM
Will you have some vegetables, Honey?
야채 좀 드시겠어요, 여보?

CHILD
Will you have some vegetables, Dad?
아빠, 야채 좀 드시겠어요?

Will you …? ~할래?

will은 다양한 상황에서 사용되는 조동사인데요. "Will you have some ice cream?"은 권유하는 말로, "Will you play with the robots?"는 상대방의 의중을 묻는 표현으로 사용됩니다.

Will you have some ice cream with me?
나랑 아이스크림 먹을래?

Will you use your spoon?
숟가락 사용할래?

Will you paint something?
색칠할래?

Will you come in here?
여기 들어올래?

Will you play with the robots?
로봇 가지고 놀래?

표현 활용하여 문장 말하기

• 숟가락 사용할래?

_____ use your spoon?

• 로봇 가지고 놀래?

_____ play with the robots?

• 여기 들어올래?

_____ come in here?

• 나랑 아이스크림 먹을래?

_____ have some ice cream with me?

· 저녁 식사 또는 만찬에 관련된 책

바쁜 아침 식사 시간과는 달리 저녁 식사 시간은 다른 느낌이 들게 마련입니다. 가족이 다함께 모여서 먹는 저녁이나 손님이 참석하는 식사 자리, 외식에 대한 책을 소개해드립니다. 추수감사절에 모여서 다 함께 먹는 만찬이나 성경에서 나오는 최후의 만찬과 관련된 책도 함께 읽으면 좋겠습니다.

Sheep Out to Eat

The Doorbell Rang

Do Not Take Your
Dragon To Dinner

Dinner at the Panda
Palace

Fancy Nancy:
Our Thanksgiving
Banquet

Six-Dinner Sid

Junie B. Jones: Turkeys We
Have Loved and Eaten

Lights, Camera, Cook!
(Next Best Junior Chef, 1)

A Medieval Feast

TV는 밥 먹고 보자.

🎧MP3 듣기

텔레비전이나 유튜브 같은 영상물 시청 때문에 아이에게 잔소리를 자주 하게 되는 것 같아요.
자주 하는 말인 만큼, 영어로 익혀두고, 표현해 보세요.

1. You can watch TV after finishing dinner.
2. Which channel do you want to watch?
3. We should pay for this. You can't watch this.
4. Please turn the volume up.
5. This is the last time.
6. Stay back.
7. If you sit too close, your eyesight might get worse.
8. You can only watch one movie.

momstagram

1. TV는 저녁 먹고 보자.
2. 몇 번 채널 보고 싶니?
3. 이건 돈을 내야 해. 이건 볼 수 없어.
4. 소리 좀 키워 줘.
5. 이번이 마지막이야.
6. 뒤로 와.
7. 너무 가까이서 보면 눈 나빠져.
8. 한 개만 봐야 해

♡ ☆

Just mute TV and put the
captions on.
Now they're reading!

I want to watch one more show.

I want to watch one more show.

CHILD	**Mom, I want to watch one more show.**
	엄마, 한 개만 더 보고 싶어요.
MOM	**You promised me that you will only watch one show.**
	한 개만 보기로 약속했잖아.
CHILD	**But, I really want to watch one more.**
	그렇지만, 딱 하나만 더 보고 싶어요.
MOM	**Okay, this is the last time. You can only watch one more.**
	알았어, 이번이 마지막이야. 딱 한 개만 더 봐.
CHILD	**Mom, Daddy wants to watch this, too.**
	엄마, 아빠도 이거 보고 싶대요.
MOM	**No way!**
	안 돼!

티비 등 전자기기를 틀거나 끄거나 키우거나 줄이는 데에는 turn 동사를 사용하게 됩니다. 키고 끄는 것은 on과 off를, 더 세게 틀거나 줄일 경우에는 up과 down을 사용하시면 됩니다.

Turn on the TV.
텔레비전 좀 틀어 주세요.

Turn off the radio.
라디오 좀 꺼 주세요.

Turn down the volume.
볼륨 좀 줄여 주세요.

Turn up the air conditioning.
에어컨 좀 세게 틀어 주세요.

Turn it off, please.
그것 좀 꺼 주세요.

 표현 활용하여 문장 말하기

• 텔레비전 좀 틀어 주세요.

_____ the TV.

• 에어컨 좀 세게 틀어 주세요.

_____ the air conditioning.

• 볼륨 좀 줄여 주세요.

_____ the volume.

• 라디오 좀 꺼 주세요.

_____ the radio.

• 텔레비전과 영상에 관련된 책

영상을 볼 수 있는 매체가 늘어나고 또 접근성이 좋아진 만큼 영상에 대해서는 할 수 있는 이야기가 많습니다. 어린이에게 영상 시청을 절제해야 하는 것을 알려주는 한편, 영상을 만들 수 있는 원리도 함께 이야기 나누는 것은 어떨까요? 아이들의 관심 분야에 따라 텔레비전 발명가, 유튜브 스타와 텔레비전 쇼 호스트를 책으로도 만나게 해 주세요.

Meet Ryan!

Ready for Action

Todd's TV

Catch My Breath

Lights! Camera! Alice!

The Berenstain Bears
and Too Much TV

(Nancy Drew)
Lights, Camera...Cats!

The Boy Who Invented
TV

Lights, Camera, Action!

DAY 18

이 안 닦으면
이가 썩을 거야.

MP3 듣기

이를 닦는 것은 단순한 루틴 중 하나인데요. 아이에게 이것을 시키려면 치약을 짜고, 칫솔질을 하고, 헹구고, 뱉는 과정에 대한 것을 하나하나 얘기해야 합니다. 양치와 관련된 표현을 익혀볼게요.

1. You've finished dinner, so go brush your teeth.

2. If you don't brush your teeth, you will have bad teeth.

3. That is too much. Just use a little toothpaste.

4. Brush up and down!

5. Brush your inner teeth, too.

6. Don't chew your toothbrush.

7. Now, rinse your mouth.

8. Spit it out.

momstagram

1 hour before dental appointment
The best brushing you will do all year.

1. 밥 먹었으니까 양치하자.

2. 이 안 닦으면 이가 썩을 거야.

3. 너무 많아. 치약 조금만 짜도록 해.

4. 위아래로 닦아 봐.

5. 안쪽 이도 닦아 봐.

6. 칫솔 씹지 마.

7. 이제 입을 헹구자.

8. 뱉어 봐.

I'll do it!

MOM	Mommy will put some toothpaste on your toothbrush.

엄마가 네 칫솔에 치약 짜 줄게.

CHILD	No! I'll do it! Me! Me! Me!

아니에요! 내가 할래요! 내가! 내가! 내가!

MOM	Do you want to squeeze the toothpaste?

네가 치약 짤래?

MOM	Too much! Just use a little toothpaste.

너무 많아! 조금만 짜도록.

MOM	Now, you can brush your teeth.

이세 칫솔질하럼.

brush는 빗질을 하거나, 칫솔로 닦거나 빗자루로 쓸 때 사용하는 동사입니다. brush 뒤에 닦아야 할 대상을 목적어로 취할 수도 있고요. up이나 down 등 방향을 나타내는 부사와 함께 사용할 수도 있습니다.

Brush your teeth.
이 닦아.

Brush up!
위로 닦아!

Brush down!
아래로 닦아!

Brush your hair.
머리를 빗어.

Brush everywhere.
모두 다 빗어.

 표현 활용하여 문장 말하기

• 모두 다 빗어.

_____ everywhere.

• 아래로 닦아!

_____ down!

• 머리를 빗어.

_____ your hair.

• 이 닦아.

_____ your teeth.

·치아 건강과 관련된 책

쪽쪽이를 물고 다니는 어린 아기부터 이빨 요정을 기다리고, 또 교정을 하는 아이들까지⋯ 치아 건강과 관련하여 아이들은 변화무쌍한 경험을 하게 됩니다. 아이들이 흥미를 느끼는 상어나 공룡 등의 이야기까지 확장시켜 주시고, 이 주제를 바탕으로 한 판타지 소설도 즐기게 해 주세요.

Bea Gives Up
Her Pacifier

Sugar Bugs

(Peppa Pig) Dentist Trip

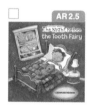

The Night Before the
Tooth Fairy

Alan's Big, Scary Teeth

Doctor De Soto

George Washington's
Teeth

What If You Had Animal
Teeth!?

Sharks and Other Sea
Monsters

너 어제 목욕 안 했잖아.

⚡ MP3 듣기

아기일 때는 씻겨 준다고 애 쓰고, 아이가 크면 놀지 말고 빨리 씻으라고 얘기하느라고 목청을 높이게 되네요. 목욕과 관련된 표현, 짧고 강한 명령어 위주로 익혀 보아요.

1. Sweetie, it's time for a bath.

2. You didn't take a bath yesterday.

3. Is it too hot?

4. It is just right.

5. I'll shampoo your hair.

6. Rinse your hair.

7. Raise your hands.

8. Spread your legs.

momstagram

Taking a bath after a long day.

1. 얘야, 목욕할 시간이야.
2. 너 어제 목욕 안 했잖아.
3. 물이 너무 뜨겁니?
4. (온도가) 딱 좋네.
5. 엄마가 머리 감겨 줄게.
6. 머리 헹궈라.
7. 팔 좀 들어봐.
8. 다리 벌려봐.

MOM
Don't move! Take this sponge for a second.
움직이지 마. 스펀지 좀 잠깐 가지고 있어.

CHILD
Mom, this is fun. There are lots of bubbles.
엄마, 이거 재미있어요. 비눗방울이 많아요.

MOM
Can I have the sponge back?
스펀지 좀 다시 줄래?

CHILD
No, I am making big bubbles. Blup! Blup! Mommy, I look like a snowman.
싫어요, 저는 큰 거품 만들고 있어요. 보글! 보글! 엄마, 내가 눈사람 같아요.

MOM
Yes, you're a very cute little snowman.
그러네. 너 참 삭고 귀여운 눈사람이네.

take ~을 하다, 치우다

take 동사의 활용 범위는 정말 어마어마한데요. 그 중에서 목욕할 때 자주 사용하는 take 표현을 정리해드립니다. 목욕하다, 샤워하다는 말을 take 동사로 사용하고요. 목욕할 때 쓰는 도구들을 가지고 있거나 치울 때에도 take 동사를 쓸 수 있습니다.

Take a bath.
목욕해라.

Take a shower.
샤워해야지.

Take this sponge.
스펀지를 가지고 있어.

Take it back to him.
그것 좀 걔한테 돌려줘.

Take away your toy duck.
오리 장난감 좀 치워.

 표현 활용하여 문장 말하기

• 샤워해야지.

_____ a shower.

• 그것 좀 걔한테 돌려줘.

_____ it back to him.

• 목욕해라.

_____ a bath.

• 오리 장난감 좀 치워.

_____ away your toy duck.

•목욕과 몸에 관련된 책

목욕 시간은 아이들에게는 상상력이 더해지는 놀이이며 어른들에게는 휴식이 됩니다. 무지개 물고기, 오리(에릭 칼), 비둘기(모 윌렘스) 등 아이들에게 친근한 동물의 이야기로 만들어진 목욕용 책을 쉽게 접할 수 있어요. 확장하여 신체에 대한 책을 보면 좋겠습니다. 논픽션이나 백과사전류를 좋아하는 어린이라면 DK에서 출간된 책 중에서 보여주셔도 좋아요.

Five Minutes' Peace

King Bidgood's in the Bathtub

The Rainbow Fish (Bath Book)

The Doctor with an eye for eyes

The Promise of Life

A Drop of Blood

Give Me Back My Bones!

Bad Kitty Gets a Bath

Eloise Takes a Bawth

졸리기 전에 미리
잠옷 입는 게 좋겠어.

MP3 듣기

아이를 재워야 할 때, 먼저 씻고, 잠옷 입히고, 자는 분위기를 만들어주면 좋습니다.
잠 잘 준비하는 표현을 함께 익혀볼게요.

1. Sweetie, will you put on your pajamas?

2. You had better put on your pajamas before you get sleepy.

3. I will help you put your pajamas on.

4. Raise your hands. Hurray!

5. Put your arms out.

6. Put your arms in.

7. Will you brush your hair before sleeping?

momstagram

Any day that you can
stay in pajamas all day
is a good day

1. 얘야, 잠옷 입을까?
2. 졸리기 전에 미리 잠옷 입는 게 좋겠어.
3. 엄마가 잠옷 입는 거 도와줄게.
4. 팔을 들어 봐. 만세!
5. 팔을 빼 봐.
6. 팔을 넣어 봐.
7. 자기 전에 머리 빗을까?

I will wear the princess nightdress.

MOM	**Change your clothes now.**
	이제 옷 갈아입어.
CHILD	**Mommy, I will wear the princess nightdress.**
	엄마, 저는 공주 잠옷 입고 잘래요.
MOM	**Oh, my! All your pajamas are in the wash. You had better put on your thermal underwear.**
	어머나! 잠옷을 다 빨았네. 내복 입는 게 좋겠다.
CHILD	**Mom, I want another pair of pajamas, please.**
	엄마, 잠옷 한 개만 더 사 주세요.

You had better··· ~하는 게 좋겠어

아이에게 "~하는 게 좋겠다"는 표현으로 had better를 쓸 수 있습니다. Should보다 훨씬 강한 톤의 말이기 때문에 "너 이거 안하면···"이란 느낌의 표현이에요. 다른 사람(어른)과의 대화에서 사용하게 되면 굉장히 오해를 받을 수도 있겠어요.

You had better wear your pajamas.
잠옷을 입는 게 좋겠다.

You had better put on your underwear.
속옷을 입는 게 좋겠다.

You had better go home.
집에 가는 게 좋겠어.

You had better not sleep now.
지금 안 자는 게 좋겠어.

You had better not pout.
입을 비죽거리지 않는 게 좋겠어.

표현 활용하여 문장 말하기

• 잠옷을 입는 게 좋겠다.

_____ put on your underwear.

• 지금 안 자는 게 좋겠어.

_____ not sleep now.

• 집에 가는 게 좋겠어.

_____ go home.

• 속옷을 입는 게 좋겠다.

_____ put on your underwear.

·잠옷 입기 & 슬립오버

파자마나 나이트가운을 입고 아이들은 가족과 함께 편안한 저녁을 보내거나 친구들과 함께 조금은 낯선 밤을 경험하기도 합니다. 약간의 두려움과 상상력이 활발해지는 시간에 아이들과 이런 이야기책을 함께 읽어 보세요.

PJ Masks
Time to be a Hero

The Pajama Zoo Parade

Llama Llama Red
Pajama

Pinkalicious

Froggy's Sleepover

Ira Sleeps Over

The Nutcracker

Spells & Sleeping Bags

A camping Spree
with Mr. Magee

장난감 다 치웠니?

🎧 MP3 듣기

아이에게 방 치우기와 관련해서 주로 위치와 관련된 말을 많이 쓰게 되는 것 같아요.
오늘은 물건을 놓는 것에 관한 다양한 표현을 익혀볼게요.

1 Oh, my! What a mess!

2 Honey, can you tidy your room?

3 Put it back, please.

4 Put this into the trash bin.

5 Put this into the recycling bin.

6 Let's give it a home. Where shall we place it?

7 Have you put away your toys?

Why can't the house clean
itself? It seems to get dirty
by itself.

1. 어머나! 정말 지저분하네!
2. 얘야, 방 치울래?
3. 그것 제자리에 갖다 두렴.
4. 이건 쓰레기통에 버려.
5. 이건 재활용품 통에 넣어 둬.
6. 자리를 정해두자. 어디에 놓을까?
7. 장난감은 다 치웠니?

What a mess!

MOM	**Oh, my! What a mess!**
	어머나! 정말 지저분하네.
MOM	**Honey, can you tidy your room?**
	아가야, 방 치울래?
CHILD	**No. Mommy, can you do it, please?**
	아니요. 엄마가 치워 주시겠어요?
MOM	**You can do it, not Mommy this time.**
	네가 할 수 있잖니, 이건 엄마 일이 아니야.

Put... ～에 놔둬[넣어]

put은 물건을 어디에 둘 때 사용하는 동사입니다. 물건과 장소에 관한 표현이 따라오는 경우가 많아요.
'put away'는 원래 장소로 치우는 것을, 'put aside'는 따로 떼어놓는 것을 말할 때 쓰는 표현입니다.

Put this in the drawer.
이거 서랍에 넣어.

Put this into the trash bin.
이거 쓰레기통에 넣어.

Put this under the bed.
이거 침대 아래에 둬.

Put away your toys.
장난감 치워라.

Put aside some cake.
케이크는 따로 놔둬라.

 표현 활용하여 문장 말하기

• 장난감 치워라.

_____ away your toys.

• 이거 침대 아래에 둬.

_____ this under the bed.

• 케이크는 따로 놔둬라.

_____ aside some cake.

• 이거 서랍에 넣어.

_____ this in the drawer.

·청소하기

요즘에는 대부분 아이들이 자신만의 공간을 가지고 있어요. 자신만의 공간을 가지고 있는 만큼 청소도 중요한데요. 방을 청소하고 자신이 사용한 물건들을 정리하는 것에 관한 책을 함께 살펴보면 좋을 거 같아요. 또한 어린이들에게 묘한 환상을 갖게 하는 빗자루와 마녀에 대한 책을 함께 봐도 재미있겠어요.

Smash! Mash! Crash!
There Goes the Trash!

Maisy Cleans Up

Room on the Broom

Caillou Puts Away His
Toys

Bug in a Vacuum

I've Only Got Three
Hands

Super Manny
Cleans Up!

The Lion, the Witch and
the Wardrobe

Recycle!: A Handbook
for Kids

DAY 22

오늘도 즐겁게 지냈구나.

🎧 MP3 듣기

잠들기 전에 아이와 오늘 하루 어땠는지 묻고 이야기를 나누는 시간을 가지시나요?
평소 안 쓰던 표현도 익혀서 아이에게 물어보시고 표현해 주세요.

1. **How was your day?**
2. **How was today?**
3. **Was there anything exciting today?**
4. **You seemed to enjoy yourself today.**
5. **You had lots of fun.**
6. **You had the best day ever.**
7. **Tomorrow we will have fun.**

📷 momstagram

💬 ♡ ☆   🔖

Bless my mom, dad, and….
my teacher…. and….
my friends and…..

1. 하루 어땠니?
2. 오늘은 어땠어?
3. 오늘 재미있는 일 있었니?
4. 오늘도 즐겁게 지낸 것 같아 보이구나.
5. 정말 재미있었구나.
6. 오늘 최고였구나.
7. 내일도 재미있게 보내자.

MOM	**How was your day?** 오늘 하루 어땠니?
CHILD	**Mommy, I had a fight with Andy.** 엄마, 저 앤디랑 싸웠어요.
MOM	**Oh, dear! Why did you fight?** 어머나! 왜 싸웠어?
CHILD	**Because he took my toy.** 앤디가 제 장난감을 가져갔거든요.
MOM	**So, then what happened next?** 그래서 그 다음엔 어떻게 했어?
CHILD	**He said sorry to me, then I said sorry to him.** 앤디가 미안하다고 했고, 저도 미안하다고 했어요.
MOM	**That's my boy.** 잘했구나.

some은 긍정문에, any는 부정문/의문문에 사용한다고 배웠지만, 막상 의문문에서도 something을 사용하는 것을 보게 됩니다. any가 '범위가 정해지지 않은 아무거나'의 의미라면, some은 무언가, 특정한 범위가 있는 뉘앙스가 있습니다.

Did you do anything fun?
뭐 재미있는 거 했니?

Do you have anything to eat?
뭐 먹을 거 없니?

Would you like something delicious?
맛있는 거 먹을래?

Are you playing something fun?
뭐 재미있는 거 하고 있니?

There's something in the box.
상자 안에 뭐가 들어 있네.

 **표현 활용하여 문장 말하기**

• 뭐 먹을 거 없니?

Do you have _____ to eat?

• 뭐 재미있는 거 했니?

Did you do _____ fun?

• 상자 안에 뭐가 들어 있네.

There's _____ in the box.

• 맛있는 거 먹을래?

Would you like _____ delicious?

·베드 타임

아이를 낳기 전에는 아이가 잠을 자는 게 얼마나 좋은 것인지 몰랐었네요. 일찍 알아서 잘 자기만
해도 효자, 효녀인 것 같아요. 집집마다 잠자리에 들어가는 의식이 있으실 텐데요, 그 안에서 아이
와 이야기 나누시되, 너무 흥미진진하지 않게, 차분히 하루를 정리하시면 좋습니다.

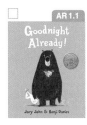

Goodnight Already!

Bedtime for Batman
(DC Super Heroes)

On the Night
You Were Born

Good Night Yoga: A
Pose-by-Pose Bedtime
Story

Owl Moon

Bedtime Is Canceled

Goodnight Lab: A
Scientific Parody

Ultimate Explorer Field
Guide: Night Sky

Zoo In The Sky:
A Book of Animal
Constellations

101

DAY 23 오늘은 충분히 읽었어.

◁)) MP3 듣기

잠자리에서 아이에게 책을 읽어주다가 먼저 졸기도 했습니다. 하지만 어떤 날은 아이가 자고 있는데도 책이 재미있어서 계속 읽기도 했죠. 잠자리에서의 책 읽기와 관련된 표현을 익혀볼게요.

❶ Honey, do you want me to read a book for you?

❷ Would you read me a story today, sweetie?

❸ It's time to go to bed now.

❹ No, that's enough for today.

❺ Let's stop reading and sleep.

❻ Are you sleepy? Do you want me to stop?

❼ Interesting! It's so much fun!

momstagram

1. 얘야, 엄마가 책 읽어 줄까?

2. 얘야, 오늘은 네가 책 읽어 줄래?

3. 이제 그만 자야 할 시간이야.

4. 아니야. 오늘은 충분히 읽었어.

5. 그만 읽고 자자.

6. 졸리니? 그만 읽을까?

7. 재미있네! 이거 너무 재밌다!

Mom, it's a neverending story.

MOM
Well, it's time to sleep.
자, 잘 시간이야.

CHILD
Mommy, I want one more story.
엄마, 하나만 더 읽어 주세요.

MOM
No, that's enough for today.
아니야, 오늘은 충분히 읽었어.

CHILD
Mommy, please!
엄마, 제발요.

MOM
Enough is enough! Well, let's stop reading and sleep.
충분해! 자, 이제 그만 읽고 자자.

CHILD
I am not sleepy!
저는 안 졸리다고요!

enough 충분한

enough의 뜻은 잘 알고 계실 거예요. 어떤 상황에서 이 단어를 쓰는지를 익혀두면 좋습니다. 충분하다는 뜻이 긍정적으로 쓰일 때도 많지만, 충분하니까 더 이상 하지 말라는 뜻으로도 자주 쓰입니다. "Enough is enough!"가 대표적인 문장인데요. "(지금까지 충분하니까) 더 이상은 참지 않아"라는 의미로 쓰입니다.

Enough is enough!
더 이상은 안 돼.

Enough said.
충분히 들었어.

Nearly enough.
거의 그 정도로.

Right enough.
틀림없이 그만큼.

Enough already.
이제 그만해.

 표현 활용하여 문장 말하기

• 더 이상은 안 돼.

_____ is enough!

• 이제 그만해.

_____ already.

• 충분히 들었어.

_____ said.

• 거의 그 정도로.

Nearly _____.

· 베드 타임 스토리

영미권 어린이들이 잠이 들기 전 즐겨 읽는 책들이 정말 많이 있어요. 그 중에 특히나 베드 타임에 관한 책들이 많아요. 달과 밤의 귀여운 동물 친구들이 어린이가 빨리 잠을 자라고 응원해주기도 하고, 전해오는 이야기에는 밤에 놀러 나가는 스토리도 있네요.

The Itsy Bitsy Spider

The Goodnight Train

The Real Mother Goose

Interrupting Chicken

365 Bedtime Stories
and Rhymes

The Classic Treasury of
Aesop's Fables

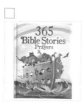

365 Bible Stories and
Prayers

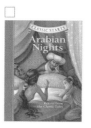

Arabian Nights

An Illustrated Treasury
of Hans Christian
Andersen's Fairy Tales

105

DAY 24

눈을 감아야
잠이 오지.

MP3 듣기

외국 영화를 볼 때 가장 부러운 장면은 굿나잇 키스를 하고 자기 방으로 가는 거였어요. 이불을 덮어 주고, 아이가 눈을 감을 때까지 기다리다가 옆에서 같이 잠이 들기도 하는 하루의 마지막 대화를 익혀볼게요.

1. Let's go to bed early and we can have fun tomorrow.
2. Do you want to listen to bedtime music?
3. The timer will turn off the night light in 30 minutes.
4. Will you give me a good night kiss?
5. Close your eyes. Then you can sleep.
6. Don't kick the blanket off the bed.
7. You're getting sleepy now.

momstagram

1. 일찍 자고 내일 재미있게 놀자.
2. 잠 잘 때 듣는 음악 들려줄까?
3. 30분 있다가 조명이 꺼질 거야.
4. 굿나잇 키스 해줄래?
5. 눈을 감아. 그러면 잠이 올 거야.
6. 이불 침대 밖으로 차지 마.
7. 너 지금 졸리구나.

Sleep tight
Don't let the bed bugs bite

Pat me on my tummy.

MOM	**Sweetie, let's go to sleep.** 애야, 자자.
CHILD	**Nope! I will sleep later.** 아니에요! 나중에 잘 거예요.
MOM	**Let's go to bed early and we can have fun tomorrow.** 일찍 자고 내일 재미있게 놀자.
CHILD	**Okay, Mom.** 알았어요, 엄마.
MOM	**Will you give me a good night kiss?** 엄마에게 굿나잇 키스 해 줄래?
CHILD	**Yes, pat me on my tummy, please.** 네, 배 좀 토닥거려 주세요.

be getting··· ~ (되는) 중이다

"be getting" 뒤에 형용사가 오면, 점점 정도가 발전되고 있다는, 진행의 의미를 강조하게 됩니다. 형용사는 본래 상태를 나타내는 말로, 액션을 포함하지 않는데요. be getting을 통해서 다음과 같이,'더 어두워진다', '더 커진다' 등의 상태의 변화를 나타낼 수 있습니다.

You're getting sleepy.
잠이 오는 중이네.

You're getting hungry.
배고파지고 있네.

The balloons are getting bigger.
풍선이 점점 커지네.

It is getting dark.
점점 어두워지네.

You're getting taller.
점점 키가 크고 있네.

 표현 활용하여 문장 말하기

• 풍선이 점점 커지네.

The balloons _____ bigger.

• 점점 키가 크고 있네.

You _____ taller.

• 잠이 오는 중이네.

You _____ sleepy.

• 배고파지고 있네.

You _____ hungry.

108

·잠자기

뇌과학이 발달하면서 수면이 두뇌 발달과 휴식에 얼마나 큰 역할을 하는지 조금씩 더 알게 되는데요, 우리 어린이들이 잠을 잘 자고 뇌가 건강해지도록 잘 잘 수 있는 환경을 만들어주세요. 큰 어린이들은 brain science에 관한 책도 접해보면 좋겠어요.

 AR 1.2

 AR 3.7

Good Night, Little Blue Truck

A Book of Sleep

If Animals Kissed Good Night

 AR 3.0

Mikey and the Dragons

Sleep, Big Bear, Sleep!

The Great Big Brain Book

 AR 4.1

 AR 6.0

The Twelve Dancing Princesses

The Sleeping Beauty

Science Comics: The Brain

아직 꽃샘추위인 것 같아.

MP3 듣기

사계절이 뚜렷한 우리나라에서는 계절마다 쓸 수 있는 표현도 여러 가지예요.
오늘은 계절에 따라 아이에게 말할 수 있는 문장을 배워볼게요.

❶ The leaves are falling off the trees.

❷ It's a bit chilly at night.

❸ It's freezing cold.

❹ Watch your step or you might slip.

❺ Winter is gone now.

❻ The flowers are in full bloom.

❼ They say the fine dust is really bad today.

❽ It's only May, and it is already so hot.

momstagram

Hey, Winter.
Bring it on!

1. 나무에서 나뭇잎이 떨어지고 있어.
2. 밤에는 좀 서늘하네.
3. 너무 춥다.
4. 미끄러질지도 모르니까 조심해.
5. 이제 겨울이 다 지나갔나 봐.
6. 꽃이 활짝 피었구나.
7. 오늘 미세먼지가 아주 심하다.
8. 5월인데 벌써 이렇게 덥네.

> I am a little cold.

MOM

Are you cold?
춥니?

CHILD

Yes, I am a little cold.
네, 조금 추워요.

MOM

I think we are still having the last cold snap.
아직 꽃샘추위인 것 같아.

CHILD

I might stay inside today then.
오늘은 안에 있을래요 그럼.

MOM

I like the idea!
좋은 생각이야!

MOM

And they say the fine dust is really bad today as well.
그리고 오늘 미세먼지도 아주 심하대.

표현 활용하기 be gone 가버리고 없다

be gone은 "더 이상 존재하지 않는다"는 뜻입니다. 너무나 유명한 90년대 록 밴드, Steelheart의 She's gone이라는 노래에서는 "그녀가 나를 떠나고 이제 내 곁에 없다"라는 의미로 쓰였어요. 이 표현이 나오는 가사 부분만 해석/번역을 해서 문장을 공부해 볼게요.

She's gone
그녀는 가버렸어.

Out of my life
내 인생 밖으로

I was wrong
내가 잘못했어.

I'm to blame
내 탓이야.

I was so untrue
내가 너무 충실하지 못했어.

 표현 활용하여 문장 말하기

• 미끄러질지도 모르니까 조심해.

_____ or you might slip.

• 이제 겨울이 다 지나갔나 봐.

Winter _____ now.

• 나무에서 나뭇잎이 떨어지고 있어.

The leaves _____ the trees.

• 밤에는 좀 서늘하네.

It's _____ at night.

• 계절에 관한 책

사계절에 대한 책과 계절의 변화를 소재로 한 아름다운 책이 정말 많은 거 같아요. 그만큼 자연에서 영감을 받고 작품을 만드신 분들이 많다는 것을 의미하네요. 봄, 여름, 가을, 겨울에 관한 책과 더불어 비발디의 사계도 들어보고, 계절에 따른 동물의 이동과 겨울잠에 관한 이야기도 함께 보면 좋습니다.

Tap the Magic Tree
Board Book

Waiting

How I Spent My
Summer Vacation

Goodbye Summer,
Hello Autumn

Over and Under the
Snow

The Story Orchestra:
Four Seasons in One
Day

When Butterflies Cross
the Sky

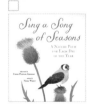

Sing a Song of Seasons

Up in the Garden and
Down in the Dirt

지금 몇 시지?

◁) MP3 듣기

영어로 날짜와 시간을 표현하는 법을 익혀볼게요. 아이가 숫자 개념을 익혔다면 달력을 보면서 천천히 영어로도 읽어보세요. 시계 읽는 법은 어려운 것 같지만, 익숙해지면 생각보다 간단하다고 느끼실 거예요.

① **Let's have a look at the calendar.**

② **What month is it now?**

③ **What comes after April?**

④ **What date is it today?**

⑤ **How many days are there this month?**

⑥ **What day is it today?**

⑦ **What day will it be tomorrow?**

⑧ **What time is it now?**

⑨ **It's seven twenty.**

1. 우리 달력 한번 보자.
2. 지금은 몇 월이지?
3. 4월 다음이 뭐지?
4. 오늘은 며칠일까?
5. 이번 달은 며칠까지 있지?
6. 오늘 무슨 요일이지?
7. 내일은 무슨 요일이지?
8. 지금 몇 시지?
9. 7시 20분이네.

momstagram

♡ ☆

The days are long, but the years are short.
- Gretchen Rubin

MOM	**What time is it now?** 지금 몇 시니?
CHILD	**I am not sure.** 잘 모르겠어요.
MOM	**What number is the small hand pointing to?** 작은 바늘이 숫자 몇을 가리키고 있지?
CHILD	**Three.** 3이요.
MOM	**What number is the big hand pointing to?** 큰 비늘은 숫자 몇을 가리키고 있지?
CHILD	**Twelve.** 12요.
MOM	**It means 3 o'clock.** 그럼 3시라는 뜻이야.

· noon
· twelve (o'clock)

· eleven forty five
· a quarter to twelve

· twelve fifteen
· a quarter past twelve

· twelve thirty
· half past twelve

· ten past three

· five thirty
· half past five

· ten fifty five
· five to eleven

· seven twenty

 표현 활용하여 문장 말하기

• 지금은 몇 월이지?

_____ is it now?

• 지금 몇 시지?

_____ is it now?

• 4월 다음이 뭐지?

_____ after April?

• 내일은 무슨 요일이지?

_____ will it be tomorrow?

· 날짜와 시간

아직 추상적인 시간의 개념이 없는 어린 아이들은 다양한 모양의 시계를 보고 무언가 변한다는 것을 이야기해 주면 좋을 것 같습니다. 조금 더 큰 어린이들은 시간에 관한 수학 이야기책이나 시간을 소재로 한 스토리를 접하면 재미있을 거예요. 세계의 유명한 시계와 각 나라의 절기, 그리고 시계와 달력의 역사에 대해서 점차 확장해 보아요.

The Noisy Clock Shop

When the Clock Strikes
on Christmas Eve

Clocks and More
Clocks

What Time Is It,
Mr. Crocodile?

A Second, a Minute, a
Week with Days in It

Back to the Future

The Mystery at Big Ben
(London, England)

Every Month Is a New
Year: Celebrations
Around the World

You Wouldn't Want to
Live Without Clocks and
Calendars!

DAY 27

왜 그렇게 짜증이 났니?

◁ MP3 듣기

아이와 공감을 하기 위해서는 아이의 감정과 기분을 아는 것이 참 중요한 것 같아요.
감정과 기분에 대해 묻고 표현하는 문장을 배워볼게요.

❶ **Are you disappointed that Grandma can't come?**

❷ **Why are you so annoyed?**

❸ **What can make you feel better?**

❹ **You feel upset because you got told off at school.**

❺ **Come here. Let me hug you.**

❻ **Are you worried about the test tomorrow?**

❼ **I am sure you will do well.**

❽ **You will improve by practicing.**

momstagram

1. 할머니가 못 오셔서 실망했니?
2. 왜 그렇게 짜증이 났니?
3. 무엇을 하면 기분이 좋아질까?
4. 학교에서 꾸지람 들어서 그렇게 기분이 안 좋구나.
5. 이리 와. 엄마가 안아줄게.
6. 내일 시험이 걱정되니?
7. 잘 할 수 있을 거야.
8. 연습하다 보면 점점 늘게 될 거야.

There is a thin line between laughing and crying.

MOM

Why are you so annoyed?

왜 그렇게 짜증이 났니?

CHILD

I yelled at my friend because she broke my pencil.

친구가 제 연필을 부러뜨려서 소리를 질렀어요.

MOM

I see why you are annoyed.

그래서 네가 기분이 좋지 않았구나.

CHILD

Yes, I felt upset.

네, 속상했어요.

MOM

I understand. I am sorry that you felt upset.

그랬구나. 속상했다니 엄마도 속상하네.

tell off 야단을 치다, 잔소리하다

tell off는 '야단을 치다, 잔소리하다, 꾸짖다'라는 의미예요. 능동형뿐만 아니라 be/get told off, 수동형으로 '야단맞다, 꾸지람 듣다'라는 뜻으로도 많이 쓰여요.

The police told off a boy for stealing.
경찰이 도둑질한 소년을 혼냈다.

Mom will tell you off if you don't brush your teeth.
이를 닦지 않으면 너 엄마한테 혼날 거야.

He was told off for not doing his homework.
그는 숙제를 하지 않아 야단을 맞았어.

I got told off and told to tidy my bedroom.
방 치우라고 잔소리 들었어.

You will get told off if you do that.
그거 하면 너 야단 맞을 거야.

 표현 활용하여 문장 말하기

- 경찰이 도둑질한 소년을 혼냈다.

The police _____ a boy for stealing.

- 그거 하면 너 야단 맞을 거야.

You _____ if you do that.

- 방 치우라고 잔소리 들었어.

I _____ and told to tidy my bedroom.

- 그는 숙제를 하지 않아 야단을 맞았어.

He _____ for not doing his homework.

·감정 이야기 나누기

Day 2에서는 각 감정에 관한 책을 살펴보았다면, 이번 과에서는 상황에 따른 감정을 표현하는 주제를 다루는 책을 보여드리려고 했습니다. 아이들이 자신의 감정을 이해하고 표현하면서 건강하게 지내도록, 다양한 감정의 인물이 등장하는 책을 통해 이야기 나누어 보세요.

 3~6세

 AR 1.7

When I Miss You

Snuggle Puppy!

 AR 2.8

Guess How Much I Love You

 5~9세

Gene's Epic App-venture!

 AR 2.2

What Do You Do With a Problem?

 AR 3.7

Alexander and the Terrible, Horrible, No Good, Very Bad Day

 8~12세

Christopher Robin: The Little Book of Pooh-isms

 AR 4.5

Inside Out: The Junior Novelization

 AR 4.9

Tales from a Not-So-Dorky Drama Queen

DAY 28

와, 나날이 발전하는구나.

◁) MP3 듣기

아이의 자존감을 높여주기 위해서는 구체적인 칭찬이 필요하다고 해요.
오늘은 영어로 디테일하게 칭찬하는 표현을 익혀볼게요.

1. Wow, you are improving every day.

2. You are very reliable.

3. You are such a good girl.

4. You are so good at waiting.

5. Wow, did you really do it all by yourself?

6. You are such a good eater.

7. You make me so proud.

 momstagram

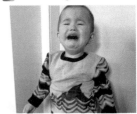

1. 와, 나날이 발전하는구나.
2. 넌 참 믿음직스러워.
3. 정말 착한 아이구나.
4. 기다리는 거 참 잘하네.
5. 와, 진짜 너 혼자 다 한거야?
6. 정말 잘 먹는구나.
7. 엄마는 정말 네가 자랑스럽구나.

The better the parents the
more the child dares to disagree.
- Magda Gerber

CHILD
Mom, look at me.
엄마, 나 좀 봐요.

MOM
Wow, did you really do it all by yourself?
와, 진짜 너 혼자 다 한 거야?

CHILD
Yes, I did it all by myself!
네, 혼자 다 했어요!

MOM
You are improving every day!
나날이 발전하는구나!

MOM
You make me so proud.
엄마는 정말 네가 자랑스럽구나.

such 뒤에 명사가 나오면 '그 정도의, 너무나 ~ 한'으로 해석이 되는데요. 정도를 강조하는 역할을 해요. No such thing은 관용 표현으로 '그런 것은 아니다, 그런 것은 없다'는 뜻이지요.

Why are you in such a hurry?
왜 그렇게 서둘러?

My mom is such a kind person.
우리 엄마는 정말 친절한 사람이야.

I feel so lucky to have such a wonderful family.
나는 이렇게 멋진 가족이 있어 정말 행운이야.

There is no such thing as ghosts.
유령 같은 것은 없어.

My son already knows there is no such person as Santa.
우리 아들은 이미 산타 같은 사람은 없다는 걸 알고 있어.

표현 활용하여 문장 말하기

• 왜 그렇게 서둘러?

Why are you in _____?

• 나는 이렇게 멋진 가족이 있어 정말 행운이야.

I feel so lucky to have _____.

• 우리 엄마는 정말 친절한 사람이야.

My mom is _____.

• 유령 같은 것은 없어.

There is _____ ghosts.

·자아존중감

아이들의 자존감(자아존중감)이 중요하다는 이야기를 많이 듣는 요즈음입니다. 아이가 무엇을 잘
해서 칭찬을 받는 것도 의미가 있지만, 그냥 존재 자체로 사랑스럽고 가치 있다는 메시지를 책과
대화로 해주는 것이 진정한 자존감의 형성에 도움이 되지 않을까 하여, 자아에 집중하는 책보다는
아이마다 특별히 사랑스럽다는 책을 위주로 나누어 보았습니다.

Love You Forever

Me
Fill-in Journal

Made for Me

When God Made You

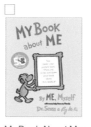

My Book About Me

Seeds and Trees

You Are Mine

The Flat Stanley
Collection Box

Wonder

DAY 29

똑바로 앉아.

이번에는 영어로 훈육하는 표현을 배워볼게요. 한국어로 번역하면 조금은 어색할 수 있는 문장이지만,
영어로는 원어민 엄마가 자주 쓰는 표현이니 활용해 봅시다.

1. I don't think what you are doing is right.
2. I am not happy with what you are doing.
3. Sit upright.
4. Sit properly.
5. Don't shake your legs.
6. Don't kick the desk.
7. You shouldn't yell in public.
8. Let's speak softly here.

1. 엄마 생각엔 지금 네가 하는 일이 옳은 것 같지 않구나.
2. 엄마는 네가 하는 일이 달갑지 않아.
3. 등 펴고 앉아라.
4. 똑바로 앉아.
5. 다리 떨지 마.
6. 책상 차지 마.
7. 공공장소에서 소리 지르면 안 돼.
8. 여기서는 조금 작게 얘기하자.

momstagram

I am gonna make you miserable
until I get my way.
But I won't tell you what I want.

Sit properly and read now.

MOM	**I am not happy with what you are doing.**
	엄마는 네가 하는 일이 달갑지 않구나.
MOM	**Is it time to play with your Legos now?**
	지금 레고 가지고 놀 시간이니?
CHILD	**I don't want to read, Mom.**
	엄마, 나 책 읽고 싶지 않아요.
MOM	**You promised to read this book before bed. Come on.**
	잠자기 전에 이 책 읽기로 약속했잖아.
MOM	**Sit properly and read now.**
	자, 똑바로 앉아서 읽어.
CHILD	**Okay, Mom.**
	알았어요, 엄마.

'앉다'라는 뜻의 sit 뒤에 up, down, back upright 등 각기 다른 부사 또는 전치사를 붙여 문장에 활용해 보세요.

When you are lying down, you sit up.
누워있다면 일어나서 앉는다.

When you are standing up, you sit down.
서있다면 앉는다.

Sit back, relax and watch TV.
편히 앉아, 긴장 풀고 텔레비전 봐.

Don't slouch. Sit upright.
구부정하게 있지 마. 등 펴고 앉아.

I can't decide which one I want to buy. I will sit on it for now.
어떤 걸 살지 결정 못하겠어. 생각 좀 해봐야겠어.

 표현 활용하여 문장 말하기

- 서있다면 앉는다.

    When you are standing up, you _____.

- 구부정하게 있지 마. 등 펴고 앉아.

    Don't slouch. _____.

- 누워있다면 일어나서 앉는다.

    When you are lying down, you _____.

- 편히 앉아. 긴장 풀고 텔레비전 봐.

    _____, relax and watch TV.

·규칙에 관한 책

아이들에게 무엇이 옳고 그른가를 가르치려다 보면 참 설득이 어려울 때가 많은데요. 영어권에서의 규칙은 선악간의 판단이라기보다는 모두가 따르는 약속의 의미로 느껴져서 영어로 규칙을 얘기하면 아이도 심플하게 받아들일 수 있습니다. 어린 아이들은 규칙의 개념과 더불어 경찰의 역할에 대해서 함께 나누어 보면 좋고, 좀 더 큰 아이들은 운동의 규칙 등 논픽션 책을 읽을 수 있겠네요.

Police: Hurrying!
Helping! Saving!

Hangry

Owen

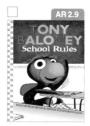

Tony Baloney School
Rules

The Berenstain Bears
and the Golden Rule

Fly Guy Presents:
Police Officers

Roscoe Riley Rules 1

Soccer Rules!
(On the Pitch)

Rules

키 재 보자.

MP3 듣기

하루가 다르게 자라나는 우리 아이, 얼마나 컸을까 엄마도 궁금하지만, 아이 본인도 많이 궁금할 거예요.
오늘은 아이의 키와 몸무게를 재보면서 전보다 얼마나 컸는지 영어로 표현해볼게요.

1. Let me check your weight.

2. Step on the scale.

3. You put on 1 more kilogram.

4. You've grown so much.

5. Should we check your height?

6. Stand against the height chart.

7. You are 3 centimeters taller.

momstagram

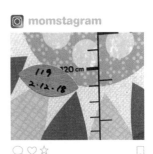

1. 몸무게 재 보자.
2. 저울에 올라가 봐.
3. 1킬로그램 늘었구나.
4. 많이 컸구나.
5. 키 재 볼까?
6. 키 재기 판에 서 봐.
7. 3센티미터나 더 컸어.

Growing up right before my
eyes…. Childhood is a journey,
not a race.

How tall am I?

MOM	**Do you want to see how much you've grown today?** 오늘은 네가 얼마나 컸는지 한번 볼래?
CHILD	**Yes, Mom!** 네, 엄마!
MOM	**Let me check your weight first.** 몸무게 먼저 재 보자.
CHILD	**How heavy am I?** 나 얼마나 무거워요?
MOM	**You put on 1 more kilogram.** 1킬로그램 늘었구나.
MOM	**Now stand against the height chart.** 이제 키 재기 판에 서 보자.
MOM	**You are 3 centimeters taller than the last time.** 지난번보다 3센티미터나 더 컸네.

step 움직이다, 걸음을 떼다

step은 명사로 '걸음, 단계', 동사로는 '움직이다, 걸음을 떼다'라는 의미입니다. 동사 step 뒤에 부사나 전치사구가 오면 step을 다양하게 활용할 수 있어요.

I am going to take a step back and think about it for a while.
나는 잠시 물러나 그것에 대해 생각을 할 것이다.

My teacher explained it step by step.
선생님께서 그것을 차근차근 설명해 주셨다.

He took a step forward.
그는 한 걸음 더 앞으로 나아갔다.

Please step inside and grab a seat.
들어오셔서 자리에 앉아주세요.

Oh, you stepped on an ant.
앗, 너 개미 밟았어.

 표현 활용하여 문장 말하기

• 그는 한 걸음 더 앞으로 나아갔다.

He took a _____.

• 선생님께서 그것을 차근차근 설명해 주셨다.

My teacher explained it _____.

• 앗, 너 개미 밟았어.

Oh, you _____an ant.

• 들어오셔서 자리에 앉아주세요.

Please _____ and grab a seat.

•성장

이전에 영양(Day 5), 치아(Day 18), 수면(Day 24)과 관련된 건강에 대해서 살펴보았고, 목욕과 인체(Day 19)에서도 몸에 대해 살펴보았는데요. 이번에는 성장과 관련된 건강의 주제, 그리고 인체 '내부'를 좀 더 살펴보기로 하겠습니다.

My First Body

Belly Button Book!

Parts

I Have to Go!

Stand Tall,
Molly Lou Melon

The Skeleton
Inside You

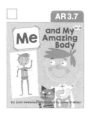

Me and My Amazing
Body

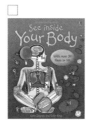

See Inside Your Body

The Fantastic Body:
What Makes You Tick &
How You Get Sick

엄마한테 이 책 읽어 줄래?

MP3 듣기

오늘은 아이와 방에서 말할 수 있는 문장을 준비했어요.
방을 치우라는 잔소리부터 없어진 물건을 찾는 일까지 아이의 방에서는 다양한 대화가 오고 갈 수 있습니다.

1. Are you done with the Lego blocks?

2. If you are done, please put them away.

3. Your jumper is on the floor.

4. What do you need to do with the jumper?

5. What are you looking for?

6. When was the last time you played with the toy?

7. Did you look in your toy box?

8. Would you like to read this book to Mommy?

momstagram

My room is not messy.
I just have everything on display.
Like a museum.

1. 레고 블록 다 가지고 놀았니?
2. 다 끝났으면 치우렴.
3. 네 점퍼가 바닥에 있구나.
4. 그 점퍼 어떻게 해야 하지?
5. 무엇을 찾고 있니?
6. 마지막으로 가지고 논 게 언제야?
7. 장난감 상자 들여다봤어?
8. 엄마한테 이 책 읽어 줄래?

I would like to read this book to you.

MOM	**Are you done with the Lego blocks?** 레고 블록 다 가지고 놀았니?
CHILD	**Yes, I am.** 네.
MOM	**If you are done, please put them away.** 다 가지고 놀았으면 치우렴.
MOM	**What are you looking for?** 뭘 찾고 있니?
CHILD	**My police car.** 제 경찰차요.
MOM	**Where was the last time you played with it?** 마지막으로 어디서 가지고 놀았어?
CHILD	**I think I played with it in my room.** 제 방에서 가지고 놀았던 것 같아요.

done은 우리가 과거 분사 형태로 보통 알고 있지만, 형용사로 쓰이기도 합니다. 오늘은 형용사로서 '다 된, 완료된'이라는 의미로 쓰인 문장을 알아볼게요.

Are you done with your homework?

너 숙제 다 했니?

He is all done with cleaning the room.

그는 방 청소를 끝냈다.

I will let you know when I am done.

다 끝낸 후에 알려줄게.

All of my to-do list for today is done now!

오늘 해야 할 일을 다 끝냈다!

This work needs to be done by tomorrow.

내일까지 이 일을 끝내야 한다.

 표현 활용하여 문장 말하기

• 오늘 해야 할 일을 다 끝냈다!

All of my to-do list for today _____ now!

• 내일까지 이 일을 끝내야 한다.

This work needs to _____ by tomorrow.

• 다 끝낸 후에 알려줄게.

I will let you know when I _____.

• 너 숙제 다 했니?

_____ you _____ your homework?

·내방

일반적으로 혼자 잠자리에 드는 영미권 아이들은 자기 방의 침대 밑이나 옷장 안에서 무언가 있는 듯 한 상상을 하게 되는 경우도 있습니다. 한편, 방을 자기 스타일대로 어떻게 만들어갈지도 관심이 많은 것 같아요. 큰 여자 아이들의 경우 방 꾸미는 책도 즐겨 보는데요. 뉴욕 플라자 호텔에 사는 엘로이즈 방도 구경해 보아요.

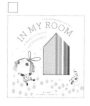

In My Room

AR 2.3

Room for a Little One

AR 3.5

The Big Bed

AR 1.8

Zoe's Room
(No Sisters Allowed)

AR 2.3
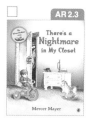

There's a Nightmare
in My Closet

AR 3.0
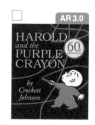

Harold and the Purple
Crayon

AR 3.5

The 117-Story
Treehouse

AR 4.6

Eloise

Redo Your Room

DAY 32

소파에서 뛰지 마.

🎧 MP3 듣기

거실은 가족들이 많은 시간을 함께 보내는 장소인 만큼 아이와도 많은 대화가 이루어지는 장소예요.
집안일로 바쁜 엄마와 놀고 싶어 하는 아이를 설득하는 것도 아주 쉬운 영어로 말할 수 있어요.

❶ Please do not run around inside the house.

❷ The people downstairs won't be very happy.

❸ It's bedtime for others.

❹ Don't jump up and down on the couch.

❺ What would you like to play today?

❻ Sorry, I am quite busy at the moment.

❼ I promise we will play later.

❽ Can we play after this?

🟦 **momstagram**

Life is short
Make it sweet

1. 집 안에서는 뛰어다니지 마라.
2. 아래층에서 별로 안 좋아할 거야.
3. 다른 사람들 자는 시간이야.
4. 소파에서 뛰지 마.
5. 오늘은 뭐 하고 놀고 싶어?
6. 미안해. 엄마가 지금 좀 바빠.
7. 나중에 꼭 놀자.
8. 이거 끝내고 놀면 안 될까?

I want to go outside!

MOM
Don't jump up and down on the couch.
소파에서 뛰지 마.

CHILD
But I am bored, Mom.
하지만 심심해요, 엄마.

MOM
What would you like to play?
뭐하고 놀고 싶은데?

CHILD
I want to go outside!
밖에 나가고 싶어요!

MOM
Can we go out after this?
이거 끝내고 나갈까?

CHILD
PromIse?
약속이요?

MOM
Of course.
당연하지.

139

up and down은 '위아래로'라는 의미를 갖고 있는 숙어예요. 하지만 꼭 '위아래'로 번역되지는 않아요. up and down이 쓰인 문장들을 보며 표현을 익혀 보아요.

The boat was rocking up and down in the waves.
그 배는 파도에 출렁이고 있었다.

Mom looked up and down the street.
엄마는 거리를 쭉 훑어 보았다.

You can walk up and down the aisle to stretch your legs.
통로를 왔다 갔다 하며 다리를 좀 펴봐.

The soldiers are marching up and down at the palace.
군인들이 궁에서 왔다 갔다 행진을 하고 있다.

We all have ups and downs.
우리에게는 모두 좋은 날과 안 좋은 날이 있다.

 표현 활용하여 문장 말하기

• 엄마는 거리를 쭉 훑어보았다.

Mom looked _____ the street.

• 군인들이 궁에서 왔다 갔다 행진을 하고 있다.

The soldiers are marching _____ at the palace.

• 우리에게는 모두 좋은 날과 안 좋은 날이 있다.

We all have _____.

• 그 배는 파도에 출렁이고 있었다.

The boat was rocking _____ in the waves.

140

·가족 이야기를 다루는 고전

오랜 세월동안 사랑받는 작품 중에는 가족의 이야기를 다루는 책이 많이 있습니다. 고전은 아래 예로 든 책 외에도 다양한 레벨별로 책이 있습니다. AR Book Finder 사이트에서 책을 검색해 보시고 우리 아이에게 맞는 리텔링된 이야기로 보여주시다가, 점차 원전으로 읽게 하시면 좋습니다.

Peter Pan
(Classic Pop Ups)

Pinocchio
(Storytime Lap Books)

Little Women:
A BabyLit Storybook

The Jungle Book

The Secret Garden

The Ugly Duckling
(Caldecott Honor Book)

A Little Princess

The Lion King:
The Novelization

Rapunzel
(Caldecott Honor Book)

DAY 33

부엌은 항상 깨끗하게 유지해야 한단다.

MP3 듣기

집안일에 아이를 참여시키는 것만큼 좋은 놀이는 없는 것 같아요.
특히 주방에서 많은 시간을 보내는 엄마와 함께 요리를 한다면, 아이는 정말 행복하겠죠?

1 Do you want to cook with me today?

2 Do you want something to eat?

3 Shall we make some fruit salad?

4 Would you help me set the table?

5 Would you put the plates out?

6 Can you please wipe the table?

7 We always need to keep the kitchen spic and span.

momstagram

Kids in the Kitchen
Joy or Disaster?

1. 오늘 엄마랑 요리할래?
2. 뭐 먹고 싶니?
3. 우리 과일 샐러드 만들어볼까?
4. 상 차리는 것 좀 도와줄래?
5. 접시 좀 놔 줄래?
6. 식탁 좀 닦아 줄래?
7. 부엌은 항상 깨끗하게 유지해야 한단다.

CHILD **Mom, I am starving.**
엄마, 배가 너무 고파요.

MOM **What can I make you for a snack?**
어떤 간식 만들어 줄까?

CHILD **I would like some fruit salad.**
과일 샐러드 먹고 싶어요.

MOM **Shall we make it together?**
같이 만들어 볼까?

CHILD **Yes!**
네!

MOM **Cool. What do we need to make fruit salad?**
좋아. 과일 샐러드를 만들려면 뭐가 필요할까?

CHILD **Apples, bananas, and strawberries!**
사과, 바나나, 그리고 딸기요!

something to ~를 할 것

〈something to 동사〉는 '~를 할 것'이라고 해석이 되는 표현이에요. 문장에서 어떻게 쓰이고 있는지 한 번 익혀 볼게요.

That is something to talk about.
이야기 해 볼 거리네.

He had something to wear after the shower.
그는 샤워 후에 입을 옷이 있었다.

You can find something to draw in the park.
공원에서 그릴 것을 찾을 수 있을 거야.

Would you like something to drink?
마실 것 좀 줄까?

I need to find something to do in London.
런던에서 할 거리를 찾아야 한다.

표현 **활용하여** 문장 말하기

• 이야기 해 볼 거리네.

That is _____ about.

• 런던에서 할 거리를 찾아야 한다.

I need to find _____ in London.

• 공원에서 그릴 것을 찾을 수 있을 거야.

You can find _____ in the park.

• 마실 것 좀 줄까?

Would you like _____?

•주방에서

침실은 조용하고 주로 혼자 지내는 정적인 공간인 반면, 주방은 요리도 하고 사람들 간에 많은 상호작용과 움직임이 있는 매우 변화무쌍한 일이 벌어지는 곳이죠. 아침식사와 영양을 다룬 과에서는 먹을 수 있는 과학에 관한 책을 소개해 드렸는데요, 이번에는 부엌에서 할 수 있는 다양한 과학 실험책도 소개해 드립니다.

Duck in the Fridge

In the Night Kitchen

What's in the Witch's Kitchen?

Mom and Me Cooking Together

Ratatouille (A Little Golden Book)

Cook Me a Story

Fannie in the Kitchen

Spic-and-Span! Lillian Gilbreth's Wonder Kitchen

Kitchen Science Lab for Kids

DAY 34

입 헹구는 거
잊지 마.

↓↓ MP3 듣기

화장실에서는 어떤 대화가 오고 갈까요? 아이가 자랄수록 엄마가 해줘야 할 일은 점점 줄고 아이 스스로 할 수 있는 일이 많아집니다. 화장실 관련 표현을 배워볼게요.

① Do you need to go to the toilet?

② You've been holding on.

③ Let me wipe your bottom.

④ Let's brush your teeth.

⑤ Don't forget to rinse your mouth.

⑥ It's time to take a bath.

⑦ I will just stay here and watch.

⑧ Can you shampoo your hair by yourself?

 momstagram

Keep It Secret
Keep It Safe

1. 화장실 가고 싶니?
2. 참고 있었구나.
3. 엄마가 엉덩이 닦아 줄게.
4. 이제 이 닦자.
5. 입 헹구는 거 잊지 마.
6. 목욕할 시간이야.
7. 엄마는 그냥 여기서 보고 있을게.
8. 혼자 머리 감을 수 있어?

MOM
Do you need to go to the toilet?
화장실 가고 싶니?

MOM
I think you do. Let's go.
엄마 생각에는 가야 할 것 같은데. 가자.

CHILD
I am done!
끝났어요!

MOM
Let me wipe your bottom.
엄마가 엉덩이 닦아 줄게.

MOM
It's time to take a shower.
샤워 할 시간이야.

CHILD
I will shampoo my hair by myself today.
오늘은 혼자 머리 감을래요.

MOM
Sure. I will just stay here and watch.
그래. 엄마는 그냥 여기서 보고 있을게.

hold on / hold 참다, 기다리다 / 잡다, 안다

hold on: 참다, 기다리다   hold: 잡다, 안다
이 두 표현의 차이를 문장을 통해 알아볼게요.

Hold on. I just need to finish this first.

잠깐만. 이것 좀 먼저 끝내놓고.

Can you please hold on?

잠시만 기다려 주시겠어요?

The kitten managed to hold on until I rescued it.

그 새끼 고양이는 내가 구출할 때까지 견뎌내었다.

Dad was holding the baby in his arms.

아빠가 아기를 팔로 안고 있었다.

Don't hold your pee. It's not good for your body.

쉬 참지 마. 몸에 안 좋아.

 **표현 활용하여 문장 말하기**

• 잠시만 기다려 주시겠어요?

Can you please _____?

• 아빠가 아기를 팔로 안고 있었다.

Dad was _____ the baby in his arms.

• 잠깐만. 이것 좀 먼저 끝내놓고.

_____. I just need to finish this first.

• 그 새끼 고양이는 내가 구출할 때까지 견뎌내었다.

The kitten managed to _____ until I rescued it.

· 프라이버시와 비밀에 관련된 책

요즘 아이들에게 신체/정서적인 바운더리를 알려주는 책의 연령대가 점점 낮아지고 있는데요, 세상의 빠른 변화 속에서 아이들에게 주의를 주고 싶은 부모의 마음이 이전 세대보다 더 절실한 것 같네요. 보물찾기, 비밀스러운 일기, 히든 메시지, 히어로의 비밀, 그리고 아이들의 비밀 소동 등 재미있는 책이 많이 있습니다.

My Body is Special and
Private

The Secret Birthday
Message

Treasure Hunt for Kids

Frankenstein

Fancy Nancy: The Worst
Secret Keeper Ever

Consent (for Kids!)

The Uncorker of Ocean
Bottles

Batman's Dark Secret

Anne Frank
(Graphic Lives)

Frankenstein

DAY 35

신발 꺾어 신지 마.

🎧 MP3 듣기

아이와 외출하기 전에는 챙겨야 할 것도 많고, 잔소리해야 할 것도 참 많아요.
오늘은 현관에서 아이에게 말할 수 있는 문장들을 익혀볼게요.

① Hurry up! We have to leave now.

② Put your backpack on.

③ Go to the toilet before we go out.

④ Why don't you put on your boots today?

⑤ Don't crush the back of your shoes.

⑥ Your laces are undone.

⑦ You are wearing your shoes on the wrong feet.

⑧ Close the door gently.

momstagram

Dining out with children
summed up in one photo

1. 서둘러! 이제 나가야 해.
2. 가방 메라.
3. 나가기 전에 화장실 다녀오렴.
4. 오늘은 장화 신을까?
5. 신발 꺾어 신지 마.
6. 신발 끈이 풀렸네.
7. 신발을 반대로 신었어.
8. 문 살살 닫아.

My shoelaces are undone.

My shoelaces are undone.

MOM	**Hurry up! We have to leave now.** 서둘러! 이제 나가야 해.
CHILD	**I'm coming.** 가요.
MOM	**Put on your shoes.** 신발 신어라.
CHILD	**My shoelaces are undone. Can you please do them up?** 신발 끈이 풀렸어요. 엄마가 좀 묶어줄 수 있어요?
MOM	**Sure, I can.** 그럼, 당연하지.

put on 입다

put on은 (옷을) '입다'라는 뜻 외에도 '살을 입다', 즉 '살이 찌다', 또 '화장을 입다', 즉 '화장을 하다' 라는 뜻으로 쓰입니다. '입다' 라는 의미 외에도 '전화를 바꿔 주다' 라는 뜻도 있어요.

He forgot to put on his watch.

그는 시계 차는 것을 잊어버렸다.

She put on her red coat and went out.

그녀는 빨간 코트를 입고 나갔다.

Mom usually puts on her makeup before she goes out.

엄마는 외출하기 전에 보통 화장을 한다.

I put on weight during Chuseok.

나는 추석 때 살이 쪘다.

(On the phone) Hi, Dad. Can you put Mom on? I need to talk to her.

(전화 중) 아빠, 엄마 좀 바꿔줄 수 있어요? 엄마랑 얘기해야 해요.

표현 활용하여 문장 말하기

- 나는 추석 때 살이 쪘다.

   I _____ weight during Chuseok.

- 그녀는 빨간 코트를 입고 나갔다.

   She _____ her red coat and went out.

- 그는 시계 차는 것을 잊어버렸다.

   He forgot to _____ his watch.

- 엄마는 외출하기 전에 보통 화장을 한다.

   Mom usually _____ her makeup before she goes out.

•외출과 탈출에 관한 책

외출과 탈출에 관한 이야기는 언제나 흥미진진합니다. Night out과 관련된 이야기도 다양하고, 장난감이나 동물이 탈출하는 내용도 어린이들의 관심 주제 중 하나이죠. 고전 중의 고전 일리어드, 오디세이도 최근에는 더욱 아름다운 일러스트레이션의 책이 많이 나오고 있으니 참고로 보면 좋을 거 같아요.

Cats' Night Out

Pinky Got Out!

Gingerbread Baby

The Great Toy Escape

Take Me Out to the Ball Game

The Fox Went Out on a Chilly Night

The Secret of the Hidden Scrolls

Mrs. Frisby and the Rats of NIMH

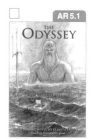

The Odyssey

DAY 36

골대에 공 한번 차 볼래?

▶ MP3 듣기

공을 던지고 차는 동작에 영어 표현을 더하는 것은 매우 유용한 방법이에요. 영어 교육 이론에서 TPR이라고 신체 활동을 하면서 언어를 익히는 교수 방법이 있습니다. 즐거운 공놀이 시간, 영어로 외쳐 보아요!

❶ Would you like to play with a ball?

❷ Bounce the ball on the ground.

❸ Throw the ball to me.

❹ Catch the ball!

❺ Shall we go and kick a ball around?

❻ Good kick!

❼ Can you kick the ball into the goal?

❽ Shall we throw the ball into the basket?

momstagram

Daddy told me
I shouldn't chase boys.
I should pass them!

1. 공놀이 하고 싶니?
2. 공을 바닥에 튕겨 봐.
3. 엄마한테 공 던져봐.
4. 공 받아!
5. 우리 공 차러 갈까?
6. 잘 찼어!
7. 골대에 공 한번 차 볼래?
8. 공을 바구니 안에 던져 넣어볼까?

I want to play with a ball.

CHILD	**I want to play with a ball, Mom.** 엄마, 공놀이하고 싶어요.
MOM	**Shall we go and kick a ball around then?** 엄마랑 공 차러 갈까?
CHILD	**Yeay!** 야호!
MOM	**Let's go to the schoolyard. Can you kick the ball into the goal?** 우리 학교 운동장에 가자. 골대에 공 한번 차 볼래?
CHILD	**Okay!** 네!
MOM	**Awesome kick! Can you kick harder this time?** 잘했어! 이번에는 좀 더 세게 차 볼까?

throw 던지다

어떤 것을 던지다 할 때 쓰는 throw. 하지만 throw 뒤에 어떤 전치사가 들어가느냐에 따라 뜻이 살짝 달라져요. 문장을 보면서 어떤 차이가 있는지 알아봅시다.

Some kids were throwing stones at the window.

어떤 아이들이 창문에 돌을 던지고 있었다.

Please throw the ball to me.

나한테 공 던져 주라.

Mom threw the books into the box.

엄마가 상자에 책들을 던져 넣었다.

Can you throw me that swimming ring?

저 수영 튜브 좀 나한테 던져줄래?

The students threw themselves into their homework.

학생들은 숙제에 열중했다.

표현 활용하여 문장 말하기

• 엄마가 상자에 책들을 던져 넣었다.

Mom _____ the books _____ the box.

• 저 수영 튜브 좀 나한테 던져줄래?

Can you _____ me that swimming ring?

• 어떤 아이들이 창문에 돌을 던지고 있었다.

Some kids were _____ stones _____ the window.

• 나한테 공 던져 주라.

Please _____ the ball _____ me.

• 스포츠에 관련된 책

아이들이 일상에서 겪는 운동 이야기, 팀으로 하는 운동, 또한 위대한 기록으로 남는 경기, 운동을 소재로 한 이야기는 운동 종목만큼이나 매우 다양합니다. 아이들이 즐기는 운동에 관한 책을 영어로 접하고, 훌륭한 선수들의 뒷 이야기를 함께 나눈다면, 영어책에 대한 흥미가 더 많이 생기겠죠?

Little Soccer
(Little Sports)

Goodnight Baseball

Yoga Bug

Dino-Hockey

G is for Golazo:
The Ultimate Soccer
Alphabet

She's Got This

Salt in His Shoes:
Michael Jordan in
Pursuit of a Dream

Ancient Greece and
the Olympics

Wilma Unlimited

DAY 37

이모가 생일 선물로 인형을 사주셨구나.

▶ MP3 듣기

유아기 때 역할 놀이의 중요성은 다들 아실 거예요. 상상력을 키워줄 뿐만 아니라, 사회성 발달, 인지 능력 발달에도 좋아요. 게다가 언어 발달에도 큰 도움이 됩니다.

1. Auntie gave you a doll for your birthday!

2. What do you want to play with Lulu?

3. Do you want to give her a bath?

4. I need to run a bath.

5. I think this bathtub is way too big for such a small doll.

6. What clothes are you going to put on her today?

7. What color dress should she wear?

8. Should we tell her to go to bed now?

1. 이모가 생일 선물로 인형을 사 주셨구나!
2. 룰루랑 뭐 하면서 놀고 싶니?
3. 목욕 시켜 줄까?
4. 목욕물을 받아야겠구나.
5. 이렇게 작은 인형한테 이 욕조는 너무 큰 것 같구나.
6. 오늘은 어떤 옷을 입힐 거야?
7. 무슨 색 드레스 입힐까?
8. 그녀에게 이제 자라고 할까?

momstagram

Now, let me read you a story.

Let's run a bath for her.

Let's run a bath for her.

MOM   **Auntie gave you a doll for your birthday!**
이모가 생일 선물로 인형을 사 주셨구나.

CHILD   **Yes, I love it! Her name is Lulu!**
네, 너무 좋아요! 얘 이름은 룰루예요.

MOM   **What do you want to play with Lulu?**
룰루랑 뭐하면서 놀고 싶니?

CHILD   **I want to give her a bath.**
목욕 시켜주고 싶어요.

MOM   **Let's run a bath for her.**
목욕물을 받아야겠구나.

CHILD   **I will shampoo her.**
제가 머리 감길래요.

MOM   **Okay. Make sure you rinse her hair properly.**
그래. 머리를 잘 헹궈야 한다.

우리는 바비인형 같은 구체관절인형, 곰인형 같은 봉제인형 모두 다 통틀어서 인형이라고 불러요. 하지만 영어로는 각기 다른 명칭이 있답니다. 봉제인형은 plushie 또는 plush toy, cuddly toy, soft toy, stuffed toy. 만약 인형이 동물 모양이라면 stuffed animals 이라고 부를 수 있습니다. 우리가 인형이라고 알고 있는 doll은 바비나 미미 같은 구체관절인형을 의미하고, 아기인형 또한 baby doll이라고 불립니다. 그리고 주로 남자아이들이 가지고 노는 만화영화에서 나오는 캐릭터 인형은 action figure라고 한답니다.

Baby doll   Plush toy   Action figure

 표현 **활용하여 문장 말하기**

• 목욕물을 받아야겠구나.

I need to _____.

• 무슨 색 드레스 입힐까?

_____ should she wear?

• 룰루랑 뭐 하면서 놀고 싶니?

_____ to play with Lulu?

• 그녀에게 이제 자라고 할까?

_____ to go to bed now?

•책과 인형

아이들이 좋아하는 그림책을 목요 인형, 봉제 인형, 티세트, 피규어 등 귀여운 장난감과 함께 보는 재미도 남다릅니다. 어른들도 클래식 문학작품을 읽으며 굿즈를 사며 독서의 즐거움을 더하기도 하니까요. 리닝 레벨과 인지 레벨을 고려하여, 책과 기프트 세트 구성품을 몇 가지 나누어 보았습니다.

The Pigeon Needs a
Bath

The Crayons

Guess How Much I Love
You

Dragons Love Tacos

Corduroy

Claris: The chicest
Mouse in Paris

A Narwhal and Jelly

Slinky Malinki

Peter Rabbit

DAY 38

가장 높은 숫자가 이기는 거야.

MP3 듣기

숫자놀이를 하면서 수의 개념을 쉽고 재미있게 알려줄 수 있어요.
책상 앞에 앉아서 하는 공부가 아닌 재미있는 놀이로 수의 개념을 경험하게 해주세요.

1 Let's say numbers with Mommy.

2 Do you know what is after 7?

3 Do you want to play with dice?

4 Roll the dice!

5 The highest number wins.

6 Move your piece four spaces forward.

7 How many turtles are there in this picture?

8 There are more than one.

1. 엄마랑 숫자 한번 말해 보자.
2. 7 다음에 뭐가 나오는지 아니?
3. 주사위 놀이 할래?
4. 주사위 던져봐!
5. 가장 높은 숫자가 이기는 거야.
6. 네 칸 앞으로 가야해.
7. 이 그림에 거북이가 몇 마리 있지?
8. 한 마리 이상 있어.

momstagram

Don't just teach kids how to count.
Teach them what counts most.
- Karen Salmansohn

The highest number wins.

MOM
Do you want to play with dice?
주사위 놀이 할래?

CHILD
Sounds fun.
재밌겠는데요.

MOM
Will you roll the dice first?
네가 먼저 주사위 던질래?

CHILD
Okay. The highest number wins.
네. 가장 높은 숫자가 나오면 이기는 거예요.

MOM
You've got 4!
4가 나왔네.

MOM
It's my turn.
엄마 차례야.

CHILD
Wow, you've got 6!
와, 엄마는 6이 나왔어요.

이 형태는 간접의문문이라고 해요. "3 다음이 뭐니?"가 직접의문문이라면 "3 다음이 무엇인 줄 아니?"는 간접의문문입니다.

Do you know who **they are?**
너는 그들이 누구인지 아니?

Do you know what **his name is?**
너는 그의 이름이 무엇인지 아니?

Do you know where **the boy lives?**
너는 그 소년이 어디에 사는지 아니?

Do you know why **I am so hungry?**
너는 내가 왜 이렇게 배가 고픈지 아니?

Do you know how **your sister did it?**
너는 네 여동생이 그것을 어떻게 했는지 아니?

표현 활용하여 문장 말하기

- 너는 그 소년이 어디에 사는지 아니?

  _____ the boy lives?

- 너는 그들이 누구인지 아니?

  _____ they are?

- 너는 그의 이름이 무엇인지 아니?

  _____ his name is?

- 너는 내가 왜 이렇게 배가 고픈지 아니?

  _____ I am so hungry?

• 수학과 관련된 책 1 - 대수

아기 때에는 엄마랑 손가락 발가락 숫자 세며 놀았는데, 아이가 점점 자라면서 가장 부담스러운 영역이 수학인 아이들도 많은 것 같네요. 어린 시절 수학은 생활에서 사용된다는 것을 알려주는 것이 중요하다고 수학 교육 전문가 선생님들께서 말씀하시는데, 그림책이나 수학 동화를 통해서 자연스럽고 재미있게 이야기를 나누어 보면 좋겠습니다.

Counting Kisses:
A Kiss & Read Book

Goodnight, Numbers

The very hungry
caterpillar

One Fish Two Fish Red
Fish Blue Fish

365 Penguins

The Boy
Who Loved Math

Math Curse

Mystery Math: A First
Book of Algebra

Bedtime Math: A Fun
Excuse to Stay Up Late

레고로 뭘 만든 거야?

🎵 MP3 듣기

집중력과 창의력을 기르는 데 정말 좋은 것은 레고 놀이입니다. 엄마와 함께하면 사회성과 협동심을 기를 수 있을 뿐만 아니라 수학적, 공간적인 개념을 배우는 학습의 도구가 됩니다.

1. Do you want to build a tower with Legos?

2. How high can you build the tower?

3. Can you count the blocks?

4. Wow, the blocks are stacked up high.

5. What did you build with Legos?

6. Can you tell me what you built?

7. Do you want to build something different?

8. I think we have had enough with Legos now.

 momstagram

1. 레고로 탑 쌓아 볼래?
2. 얼마나 높이 탑 쌓을 수 있어?
3. 블록 세어 볼까?
4. 와, 블록이 높이 쌓였네.
5. 레고로 뭘 만든거야?
6. 뭐 만들었는지 말해줄래?
7. 다른 것을 만들어볼래?
8. 이제 레고는 충분히 갖고 논 것 같아.

Life Without Geometry is Pointless

MOM
Wow, what did you build with Legos? It looks amazing!
와! 레고로 뭐 만든 거야? 너무 멋진데!

CHILD
I built an airplane.
비행기를 만들었어요.

MOM
I can see that.
그렇구나.

MOM
Your airplane looks so real.
네 비행기 정말 진짜 같아.

CHILD
I think so, too.
저도 그렇게 생각해요.

MOM
Do you want to build something different?
다른 것도 만들어볼래?

CHILD
Sure. I will build a ship this time.
그래요. 이번에는 배를 만들어 볼래요.

167

How 얼마나 ~한

〈How+형용사〉 형태는 '얼마나 ~한'이란 의미로 의문사로 쓰일 수도 있습니다. 다음 문장을 통해 익혀보세요.

How tall are you?
넌 얼마나 크니?

How heavy is your toy car?
너의 장난감 차는 얼마나 무겁니?

How wild is that cat?
저 고양이는 얼마나 야생적이지?

How awesome is this place?
이 곳은 얼마나 멋지니?

How high is the building over there?
저기 저 빌딩은 얼마나 높지?

 표현 활용하여 문장 말하기

• 저기 저 빌딩은 얼마나 높지?

_____ is the building over there?

• 이 곳은 얼마나 멋지니?

_____ is this place?

• 넌 얼마나 크니?

_____ are you?

• 너의 장난감 차는 얼마나 무겁니?

_____ is your toy car?

168

∙수학과 관련된 책 2 - 기하

아이들은 모양과 패턴에 대해서 아름다운 그림을 통해 접하면서 본능적으로 이미지를 읽어가기 시작하죠. 그리고 점과 선이 연결되어 무엇이든 만들어지는 것을 책으로도 살펴볼 수 있어요. 미 해군 엔지니어 레이 몬테규의 성공 스토리, 해시계로 지구 둘레의 길이를 잰 에라토스테네스의 이 야기 등 픽션과 논픽션의 경계에서 재미있는 수학 이야기를 만날 수 있어요.

Paris: A Book of Shapes

Snippets: A story about paper shapes

Circle

If You Were a Quadrilateral (Math Fun)

Tangled: A Story About Shapes

The Girl With a Mind for Math: The Story of Raye Montague

What's Your Angle, Pythagoras?

Sir Cumference and the Dragon of Pi

The Librarian Who Measured the Earth

DAY 40

경찰차에 손 흔들어 줄까?

MP3 듣기

아이와 외출하면 사람 다음으로 많이 보이는 것이 자동차, 기차 같은 교통수단인 것 같아요.
아이와 대화하기에 참 좋은 소재이기도 하지요.

1. The helicopter is hovering in the air.
2. The ambulance is going somewhere to help a sick person.
3. Do you want to wave to the police car?
4. Firefighters are riding in the fire engine to get to the fire.
5. Do you know what the digger is doing there?
6. There is an airplane flying up there.
7. A big ship is floating in the water.

 momstagram

1. 헬리콥터가 공중에서 맴돌고 있네.
2. 앰뷸런스가 어디 아픈 사람 도와주러 가나 봐.
3. 경찰차에 손 흔들어 줄까?
4. 소방관 아저씨들이 소방차를 타고 불난 곳으로 가네.
5. 너 저기 굴삭기가 뭐하고 있는지 아니?
6. 저기 비행기가 날아가네.
7. 큰 배가 물 위에 떠있네.

How come he's got
a bigger car than mine?

170

CHILD	**Mom, there is a police car!**
	엄마, 저기 경찰차 있어요!
MOM	**That's right. Do you want to wave to the police car?**
	그러네. 경찰차에 손 흔들어 줄까?
CHILD	**Yes! Hello, Policemen!**
	네! 안녕하세요, 경찰 아저씨!
MOM	**Shall we play with your toy police cars?**
	우리 장난감 경찰차 가지고 놀까?
CHILD	**Okay, I will get my police cars.**
	네, 경찰차 가져올게요.

somewhere to ~해야 할 곳

〈somewhere to + 동사〉는 '~해야 할 곳'이란 뜻인데 다양하게 표현 활용이 가능합니다. 어떤 형식으로 활용 가능한지 알아볼게요.

I found somewhere to rest **my feet.**

내 다리를 쉬게 할 곳을 찾았다.

I want you to find somewhere to eat **near here.**

이 근처에서 먹을 수 있는 곳 좀 찾아봐.

He probably needs somewhere to stay **in Hawaii.**

그는 하와이에서 머무를 곳이 필요할 거야.

Now this poor kitten has somewhere to live.

이제 이 불쌍한 새끼 고양이는 살 곳이 생겼어.

It is so noisy here. I've got to find somewhere to read **my book.**

여기 진짜 시끄럽네. 책 읽을 곳을 좀 찾아 봐야겠어.

 표현 활용하여 문장 말하기

• 이제 이 불쌍한 새끼 고양이는 살 곳이 생겼어.

Now this poor kitten has _____ .

• 그는 하와이에서 머무를 곳이 필요할 거야.

He probably needs _____ **in Hawaii.**

• 이 근처에서 먹을 수 있는 곳 좀 찾아봐.

I want you to find _____ **near here.**

• 내 다리를 쉬게 할 곳을 찾았다.

I found _____ **my feet.**

· 교통수단에 관한 책 1 - 다양한 운송 수단

어린 아이들은 우리가 흔히 타는 자동차나 버스 외에도 다양한 교통 수단에 관심이 많아요. 경찰차, 소방차, 건설용 차량 외에도 증기 기차, 로켓, 성경에 나오는 방주, 역사 속에 사라진 타이타닉 등 다양한 소재를 문학과 비문학으로 읽으면서, 아이의 흥미 영역에 따라 사회 또는 과학 영역으로 확장시켜 주시기 좋은 주제입니다. (일상생활과 관련된 교통 수단은 Day 47을 참조하세요)

Little Blue Truck

Roaring Rockets

Goodnight, Goodnight
Construction Site

Police Officers on
Patrol

Big Frank's Fire Truck

Noah's Ark

Digger, Dozer, Dumper

I Survived the Sinking of
the Titanic, 1912

Fly Guy Presents:
Monster Trucks

DAY 41

아주 천천히 불어봐.

▶ MP3 듣기

비눗방울 놀이만큼 아이들을 매료시키는 것은 없는 것 같아요. 참 별것 아닌데 그 영롱한 빛깔과 톡 건드리면 터지는 감촉이 신기한가 봐요. 클레이도 집에서 조용히 앉아서 하기에 좋은 놀이예요.

❶ Do you want to play with bubbles?

❷ Shall we do it in the bathroom?

❸ Blow it very slowly.

❹ What are you making with clay?

❺ Let's make a ball with clay.

❻ Roll it until it's long like a snake.

❼ Knead the dough like this.

❽ Shall we carve your name with a knife?

momstagram

1. 비눗방울 놀이 하고 싶니?
2. 욕실에서 할까?
3. 아주 천천히 불어봐.
4. 클레이로 뭐 만들고 있니?
5. 클레이로 공을 만들어 보자.
6. 뱀처럼 길어질 때까지 밀어봐.
7. 이렇게 반죽을 밀어 봐.
8. 칼로 네 이름 새겨 볼래?

I think we all see the world from our own little unique bubble.
- Julie Taymor

MOM	**What are you making with clay?**
	클레이로 뭐 만들고 있니?
CHILD	**I am making strawberry ice cream.**
	딸기 아이스크림 만들고 있어요.
MOM	**Then, you need some pink clay.**
	그럼, 핑크색 클레이가 필요하겠네.
CHILD	**We used all the pink clay.**
	핑크 클레이를 다 써버렸어요.
MOM	**Don't worry.**
	걱정 마.
MOM	**We can make pink with red and white.**
	빨간색과 하얀색으로 핑크색을 만들 수 있어.
CHILD	**That's awesome!**
	정말 멋져요!

until ~까지

until은 '~까지'라는 의미로 끝나는 시점까지 그 행동이 지속될 때 쓰이는 표현으로 뒤에 명사가 오는 전치사이기도 하고, 주어와 동사로 이끄는 접속사이기도 합니다. until은 지속성이 있는 동사(stay, walk, sleep 등)와 짝을 이루어 쓰인답니다.

The school will be closed until Monday.
학교는 월요일까지 문을 닫는다.

We were talking until almost midnight.
우리는 거의 자정이 될 때까지 이야기를 나눴다.

My brother had to wait outside until I came home.
내가 집에 올 때까지 내 남동생은 밖에서 기다려야 했다.

I will stay here until you come back.
네가 돌아올 때까지 여기 있을 거야.

Dad usually sleeps until Mom wakes him up.
아빠는 보통 엄마가 깨울 때까지 자고 있다.

표현 활용하여 문장 말하기

• 학교는 월요일까지 문을 닫는다.

The school will be closed _____ Monday.

• 네가 돌아올 때까지 여기 있을 거야.

I will stay here _____ you come back.

• 우리는 거의 자정이 될 때까지 이야기를 나눴다.

We were talking _____ almost midnight.

• 아빠는 보통 엄마가 깨울 때까지 자고 있다.

Dad usually sleeps _____ Mom wakes him up.

·비눗방울과 클레이

비눗방울. 클레이 놀이는 아이들의 상상력을 자극하는 즐거운 놀이인데요. 자라면서 버블쇼나 클
레이 애니메이션을 감상하기도 하고, 더 나아가 클레이 애니메이션을 만드는 방법을 알아보고 실
제로 애니메이션을 만들어 볼 수도 있어요. 아이의 관심 영역에 따라 클레이로 만든 마야의 유물
이나 도자기 장인에 관한 이야기 등 다양한 방식의 독서로 확장할 수 있겠어요.

Shaun the Sheep Movie -
Timmy in the City

Big Bad Bubble

Clay boy

Bubble Gum Brain

Pop!
A Book About Bubbles

Bubble Trouble

Pop! The Invention
of Bubble Gum

The Clay Marble

Dave the Potter:
Artist, Poet, Slave

이 로봇은 변신 로봇이야.

⸢⸥ MP3 듣기

저희가 어릴 때 로봇은 만화영화에 나오는 영웅 같은 존재였는데, 지금 아이들에게 있어서 로봇은 일상 생활에서 경험할 수 있는 친근한 존재예요. 코딩이나 로보틱스도 어릴 때부터 재미있게 배우기도 하고요.

① This robot is a transformer.

② Can you transform the robot into a car?

③ It doesn't seem to work.

④ Got it!

⑤ The rescue team was ordered to move out!

⑥ Where are we heading?

⑦ Someone is in danger in the forest.

⑧ The rescue team is on their way.

ⓞ momstagram

1. 이 로봇은 변신 로봇이야.
2. 이 로봇을 차로 변신 시킬 수 있니?
3. 안 되는 것 같아.
4. 됐다!
5. 구조대, 출동 명령이 떨어졌다!
6. 우리 어디로 출동하는 거야?
7. 숲에 위험에 빠진 친구가 있어.
8. 구조대가 출동 중이야.

One day I will "develop an app"
"build a robot" "go to Mars"

MOM	**Is this robot a transformer?**
	이 로봇 변신 로봇이야?
CHILD	**Yes, you can transform it into a car.**
	네, 차로 변신할 수 있어요.
MOM	**You are so good!**
	정말 잘하는구나!
CHILD	**Now, we need to go to rescue the dinosaurs in danger.**
	이제 우리는 위험에 빠진 공룡들을 구하러 가야 해요.
MOM	**Okay, where are we heading?**
	알았어. 어디로 출동하는 거야?
CHILD	**To the forest!**
	숲으로 가요!

seem ~인 것 같다

동사 seem은 '~인 것 같다', '~인 것처럼 보인다'로 해석됩니다. 〈seem + 형용사〉, 〈seem like + 명사〉, 〈seem + to부정사〉로 다양하게 활용이 됩니다. 순서대로 하나씩 익혀보아요.

She seems really kind.
그녀는 정말 친절한 것 같아.

He seemed like a good person.
그는 좋은 사람 같았다.

It seems to be raining outside.
밖에 비가 오는 것 같은데.

He seemed to have learnt English before.
그는 전에 영어를 배운 것 같았다.

My mom doesn't seem to understand it.
엄마는 이해를 못하는 것 같아.

표현 활용하여 문장 말하기

• 밖에 비가 오는 것 같은데.

   It _____ be raining outside.

• 그는 전에 영어를 배운 것 같았다.

   He _____ have learnt English before.

• 그녀는 정말 친절한 것 같아.

   She _____ really kind.

• 엄마는 이해를 못하는 것 같아.

   My mom _____ understand it.

·로봇과 코딩

로봇과 코딩에 관련된 최신 책들이 너무 많아서 아이들 연령에 따라 몇 권만 소개해 드리는 게 참 아쉽지만, 크게 로봇이라는 캐릭터와 우정을 나누는 이야기 구조와 실제 코딩 또는 로봇의 과학적 원리를 다루는 책으로 나와 있으니, 아이의 성향에 맞게 독서를 확장시켜주시면 되겠어요. 걸즈 후 코드 시리즈는 인터넷 시대의 '베이비 시터 클럽(챕터북)'이란 비유를 하기도 하네요.

Boy and Bot

Beep! Beep!
Go to Sleep!

Robots, Robots
Everywhere!

R Is for Robot:
A Noisy Alphabet

Mighty Mommies and
Their Amazing Jobs

The Three Little Aliens
and the Big Bad Robot

Bots

The Friendship Code 1
(Girls Who Code)

The Wild Robot

DAY 43

가위바위보로 정하자.

MP3 듣기

숨바꼭질은 아무런 도구, 장난감도 필요 없고 장소 불문하고 어디서나 할 수 있는 전통적인 놀이인데요.
오늘은 아이와 숨바꼭질을 해보세요.

1 Let's play hide-and-seek.

2 Who will be it?

3 Let's do rock-paper-scissors.

4 I will hide first and you seek.

5 Hide while I count from 1 to 10.

6 Ready or not, here I come!

7 No peeking!

8 I got you!

momstagram

Banned from the library
For observing game play

1. 숨바꼭질하자.
2. 누가 술래 할까?
3. 가위바위보로 정하자.
4. 엄마가 먼저 숨을게. 너가 찾아.
5. 1부터 10까지 셀 동안 숨어.
6. 꼭꼭 숨어라. 머리카락 보일라.
7. 몰래 보기 없기!
8. 찾았다!

MOM **I will hide first. You seek!**
엄마가 먼저 숨을게, 네가 찾아.

CHILD **Okay, I will count from 1 to 10.**
알았어요. 1부터 10까지 셀 게요.

MOM **No peeking!**
몰래 보기 없기!

CHILD **Ready or not, here I come!**
꼭꼭 숨어라, 머리카락 보일라.

MOM **Aww, you got me.**
에이, 들켰네.

CHILD **Again, again!**
또 해요 또!

MOM **Okay. Cover your eyes.**
알았어. 눈 가려.

while ~하는 동안, 반면에

시간을 나타내는 접속사 while은 '~하는 동안'이라는 뜻도 있지만, '반면에'라는 의미도 있어요. 아래 문장을 보며 의미의 차이를 한번 느껴보세요.

I waited while he talked.

그가 이야기를 하는 동안 나는 기다렸다.

I can fix it while you wait.

네가 기다리는 동안 고칠 수 있어.

Dad called you while you were in the toilet.

네가 화장실에 있는 동안 아빠한테 전화 왔었어.

I don't want you to use your phone while you are driving.

운전하는 동안에는 휴대폰 안 만졌으면 좋겠어.

My sister loves skiing while my brother loves snowboarding.

언니는 스키를 좋아하는 반면에 오빠는 스노보드를 좋아한다.

 표현 활용하여 문장 말하기

• 운전하는 동안에는 휴대폰 안 만졌으면 좋겠어.

I don't want you to use your phone _____ you are driving.

• 네가 기다리는 동안 고칠 수 있어.

I can fix it _____ you wait.

• 네가 화장실에 있는 동안 아빠한테 전화 왔었어.

Dad called you _____ you were in the toilet.

• 그가 이야기를 하는 동안 나는 기다렸다.

I waited _____ he talked.

· 게임

어렸을 때에는 숨바꼭질, 가위 바위 보, 스파이 게임을 많이 했었는데, 아이가 자라면서 체스, 카드 게임, 보드 게임도 같이 즐기게 되네요. 요즈음은 비디오 게임이나 코딩도 일상의 영역으로 들어 와서, 이런 것들을 잘 이해하면서 즐기는 법을 배워야 하는 시대입니다. 어린 아이와는 게임에서 지는 것을 용납할 수 있는 마음을 이야기를 통해 배우고, 큰 어린이들은 다양한 추리 게임의 영역 까지 다루며 점차 독서가 발전되면 좋겠네요.

Who Am I?: An Animal
Guessing Game

Win or Lose, I Love You!

Hide and Seek Fog

Bad Kitty Does Not
Like Video Games:
Includes Stickers

Wreck-It Ralph
Little Golden Book

The Legend of Rock
Paper Scissors

Trapped in a Video
Game

National Geographic
Kids Brain Games

The Westing Game

소꿉놀이 하자.

◁ MP3 듣기

소꿉놀이는 스스로 규칙을 세우고, 사회 속 역할에 대해 배울 수 있는 아주 훌륭한 놀이예요.
놀이를 하며 문제 해결 능력, 협동심도 기를 수 있답니다.

1. Let's play Mom and Dad.
2. Will you be a guest?
3. I will be Mom.
4. I will prepare something for the guests.
5. It's all ready to eat.
6. Help yourself.
7. Here is your coffee.
8. Have a piece of cake, please.

1. 소꿉놀이하자.
2. 네가 손님할래?
3. 내가 엄마할게.
4. 엄마는 손님 맞을 준비 할게.
5. 요리가 다 되었네.
6. 맛있게 먹어요.
7. 여기 커피 드세요.
8. 케이크 한 조각 드세요.

⊙ momstagram

My sweet darling, you are more than we ever expected and better than we ever imagined.

CHILD	**Let's play Mom and Dad.**
	소꿉놀이해요.
MOM	**Okay, I will be a guest.**
	그래, 손님할게.
CHILD	**I will cook something for the guests.**
	손님한테 드릴 요리 좀 할게요.
MOM	**I would like some coffee, please.**
	커피 좀 줄래요?
CHILD	**Here is your coffee.**
	여기 커피 있어요.
MOM	**Thank you.**
	감사합니다.
MOM	**It is really good.**
	정말 맛있네요.

prepare 준비하다

prepare는 '준비하다'는 뜻인데, 〈prepare + 명사〉는 '명사(목적어)를 준비하다'는 뜻입니다. 〈prepare for + 명사〉는 명사를 위해 무엇인가를 준비할 때 사용합니다. 예문을 통해서 차이를 느껴보세요.

I am preparing dinner now.
지금 저녁 식사를 준비하고 있어. (요리 등)

I will prepare for dinner.
저녁 식사를 하기 위해 준비 할게. (식탁 세팅 등)

We will prepare the meeting as we are the host.
우리가 그 회의를 주최하니 그 회의를 준비해야 한다.

He needs to prepare for the meeting.
그는 회의를 준비해야 한다. (자료 정리, 프레젠테이션 만들기 등)

표현 활용하여 문장 말하기

• 지금 저녁 식사를 준비하고 있어.

I am _____ dinner now.

• 우리가 그 회의를 주최하니 그 회의를 준비해야 한다.

We will _____ the meeting as we are the host.

• 그는 회의를 준비해야 한다.

He needs to _____ the meeting.

• 저녁 식사를 하기 위해 준비 할게.

I will _____ dinner.

·가족 구성원에 관한 책

가족에 관한 어린이 책은 너무 많아서 평생 동안 읽어도 다 볼 수 없을 정도입니다. 그동안 엄마, 아빠에 관한 책이 많이 소개된 만큼, 구성원 간의 관계에 포커스하는 책을 소개해드리려고 했습니다. 그리고, 우리 아이들도 중요한 가족 구성원이기 때문에 아이들에 관한 책도 함께 보여드렸어요. 사춘기를 앞둔 어린이들에게는 쿨한 부모님의 모습을 보여주는 것도 좋을 것 같아요.

Football With Dad

Dear Girl,

Dear Boy,

Why a Daughter Needs
a Dad

How to Babysit
a Grandma

Hey Grandude!

Fairy Mom and Me

Bad Dad

Of Thee I Sing

DAY 45

병원놀이 할래?

▶ MP3 듣기

아이가 병원 가는 것을 무서워한다면 꼭 병원놀이를 해보시길 추천해요.
병원에 가면 어떤 사람을 만나고, 어떤 일이 생기는지 미리 알면 병원 가는 길이 한결 수월할 거예요.

1. Shall we play hospital?

2. I will be the patient.

3. I have tummy pain.

4. I fell down and hurt my knee.

5. I've got a toothache.

6. Can you please be gentle?

7. It really hurts.

1. 병원놀이 할래?
2. 엄마가 환자 할게.
3. 배가 아파요.
4. 넘어져서 무릎 다쳤어요.
5. 치통이 있어요.
6. 살살해 줄래요?
7. 정말 아파요.

momstagram

Children have a full time job.
It's called PLAY!
They can be anything through play.

190

CHILD	**Mom, I will be the doctor.**
	엄마, 제가 의사 할래요.
MOM	**Alright, I am the patient.**
	그래, 내가 환자 할게.
CHILD	**Where do you have pain?**
	어디가 아프세요?
MOM	**I have tummy pain.**
	배가 아파요.
CHILD	**Come this way.**
	이쪽으로 오세요.
CHILD	**Uhmm, lie on your back, please.**
	음, 누워 주세요.

fall(넘어지다)라는 표현을 할 때는 전치사를 주의해야 해요. 길을 가다 넘어졌을 때는 보통 전치사 over를 써요. 경사가 있는 곳에서 넘어질 경우에는 down, 자전거 같은 곳에 있다가 떨어질 경우에는 off를 써요.

She fell over while running so fast.
그녀는 빨리 달리다가 넘어졌다.

I almost fell over a rock in the park.
공원에서 돌에 걸려 넘어질 뻔 했다.

My brother fell down the stairs yesterday.
내 동생이 어제 계단에서 굴러 떨어졌어.

Be careful not to fall off the horse.
말에서 떨어지지 않게 조심해.

Even monkeys fall out of trees.
원숭이도 나무에서 떨어질 때가 있다.

표현 활용하여 문장 말하기

• 말에서 떨어지지 않게 조심해.

Be careful not to _____ the horse.

• 원숭이도 나무에서 떨어질 때가 있다.

Even monkeys _____ trees.

• 그녀는 빨리 달리다가 넘어졌다.

She _____ while running so fast.

• 공원에서 돌에 걸려 넘어질 뻔 했다.

I almost _____ a rock in the park.

·다양한 직업에 관한 책

요즘에는 직업이 많이 없어지기도 하고 생기기도 하는데요, 어린 아이들에게는 친숙한 직업에 대해서 폭넓게 이야기를 해 주시고, 아이가 조금 더 크면 구체적으로 그런 직업이 어떤 일을 하는지, 인물이나 논픽션 글을 통해서 접하게 하시면 되겠어요. 역사의 흐름 속에서 특별한 의미를 남긴 인물과 그 배경에 대해서 접해보는 것도 아이들의 시야를 넓혀 줄 것 같네요.

 AR 1.5		 AR 2.7
Clothesline Clues to Jobs People Do	ABC for Me: ABC What Can She/He Be?	This Little President: A Presidential Primer

 AR 3.4	 AR 3.4	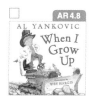 AR 4.8
Because	Richard Scarry's What Do People Do All Day?	When I Grow Up

 AR 4.4	 AR 4.6	 L 840L
Snowflake Bentley	Just Being Audrey	Choose Your Own Career Adventure at NASA

20% 할인해 드려요.

◁) MP3 듣기

숫자와 연산을 할 때 가장 좋은 놀이 중 하나가 시장 놀이예요. 영어로 시장 놀이를 하면 수와 관련된 표현을 활용할 수 있을 뿐 아니라, 상점에서 할 수 있는 표현도 익힐 수 있답니다.

1. **Let's play shop.**

2. **Who is going to be the shopkeeper?**

3. **How can I help you today?**

4. **What a bargain!**

5. **You will get 20% off.**

6. **I will take two.**

7. **Here is your change.**

8. **Do you want me to put them in a bag?**

 momstagram

○ ♡ ☆

Everyone, repeat after me.
Just because it's on sale,
it doesn't mean you need it.

1. 시장 놀이 하자.

2. 누가 가게 주인 할까?

3. 오늘은 어떻게 도와 드릴까요?

4. 정말 싼데요!

5. 20% 할인해 드려요.

6. 두 개 살게요.

7. 여기 잔돈 받으세요.

8. 봉투에 넣어드릴까요?

MOM
Let's play shop!
시장놀이 하자!

CHILD
Yeay! I will be the shopkeeper.
야호! 제가 점원 할게요.

CHILD
How can I help you today?
무엇을 도와드릴까요?

MOM
I would like to buy some apples, please.
사과를 좀 사고 싶은데요.

MOM
How much is this?
얼마에요?

CHILD
It's 2000 won.
2,000원이에요.

MOM
What a bargain!
정말 싼데요!

want ~ to do ~ 누가 ~하기를 원하다

다른 사람이 어떤 행동을 하기를 원할 때 쓸 수 있는 표현이에요. 엄마가 아이에게 좀 더 강하게 권유, 제안을 할 때 쓰여요. "엄마는 네가 바르게 행동하기를 바라." 은근하면서도 압박이 느껴지지 않나요?

I want you to behave **yourself.**
나는 네가 바르게 행동하기를 바라.

I want him to act **like an adult.**
나는 그가 어른처럼 행동했으면 좋겠어.

My mom wants me to read **more books.**
우리 엄마는 내가 더 많은 책을 읽기를 바란다.

I don't want her to eat **all of it.**
나는 그녀가 그것을 다 먹지 않기를 바란다.

Do you want me to shampoo **your hair?**
내가 네 머리를 감겨주길 원하니?

 표현 활용하여 **문장 말하기**

• 나는 그녀가 그것을 다 먹지 않기를 바란다.

I don't _____ all of it.

• 내가 네 머리를 감겨주길 원하니?

Do you _____ your hair?

• 나는 그가 어른처럼 행동했으면 좋겠어.

I _____ like an adult.

• 나는 네가 바르게 행동하기를 바라.

I _____ yourself.

196

· 경제와 관련된 책

경제와 관련된 책을 보여줄 때는 아이들의 영어 레벨뿐만 아니라 인지적으로 이해 가능한 수준에 맞춰 책을 선정해야 해서 책 선정이 어려울 수도 있어요. 어린 아이들에게는 먹는 것, 입는 것, 물건을 사는 것 등 구체적인 상황이 드러나는 책으로 이야기를 나누어 주시고요, needs와 wants, 그리고 돈을 불려가는 과정에 관한 이야기는 아이가 자라면서 확장시켜주시면 되겠어요.

Bunny Money

Nobody Knows How to
Make a Pizza

The Berenstain Bears'
Trouble with Money

Little Critter: Just
Saving My Money

Lily Learns
about Wants and Needs

One Hen

Kid Start-Up

How to Turn $100 into
$1,000,000

Lunch Money
(Rise and Shine)

197

DAY 47

너는 카시트에 타야 해.

♫ MP3 듣기

배, 택시, 지하철, 자동차, 기차, 비행기 등 여러 가지 교통수단이 있는데요.
이런 교통수단을 이용할 때 쓸 수 있는 여러 가지 표현을 배워볼게요.

1. Let's get on the bus.

2. We should take a taxi today.

3. We will take the subway line 2, and transfer at Sadang Station.

4. You should sit in your car seat.

5. Fasten your seatbelt.

6. It's your first time to take a train, isn't it?

7. It's our boarding call.

momstagram

Only children believe they are capable of everything.
- Paulo Coelho

1. 버스 타자.
2. 오늘은 택시 타야겠다.
3. 지하철 2호선 타고 가서 사당에서 갈아탈 거야.
4. 너는 카시트에 타야 해.
5. 안전벨트 매라.
6. 너는 기차 오늘 처음 타지?
7. 우리 탑승 안내 방송이야.

MOM	**Get in the car, Honey.**
	얘야, 차에 타렴.
MOM	**You should sit in your car seat.**
	카시트에 타야지.
CHILD	**Can you help me fasten my seatbelt?**
	안전벨트 매는 것 좀 도와주세요.
MOM	**Sure, I can.**
	당연히 도와줘야지.
CHILD	**Mom, I feel sick.**
	엄마, 토할 것 같아요.
MOM	**You are getting carsick.**
	차멀미하나 봐.
MOM	**Let's go out and get some fresh air.**
	바람 좀 쐬러 나가자.

fasten 매다, 잠그다, 단단히 하다

낯설 수도 있는 단어 fasten, 하지만 알고 보면 활용하기 참 좋은 단어예요. 어떻게 활용할 수 있는지 문장을 통해 익혀 보세요.

I will fasten your dress.
드레스 잠궈줄게.

Let me fasten the clasp of your necklace.
내가 네 목걸이 고리 잠궈줄게.

This clasp won't fasten.
걸쇠가 안 잠겨요.

Make sure your seatbelt is fastened.
안전벨트를 꼭 매렴.

You can unfasten your seatbelt now.
이제 안전벨트를 풀어도 된다.

 표현 활용하여 문장 말하기

- 이제 안전벨트를 풀어도 된다.

  You can _____ your seatbelt now.

- 걸쇠가 안 잠겨요.

  This clasp won't _____.

- 안전벨트를 꼭 매렴.

  Make sure your seatbelt is _____.

- 드레스 잠가줄게.

  I will _____ your dress.

•교통 수단에 관한 책 2 – 일상생활의 교통 수단

아이들이 타볼 수 있는 교통 수단에 관한 책을 가능한 한 다양하게 소개하려고 했습니다. 기차, 지하철, 비행기, 런던의 버스, 뉴욕의 택시, 샌프란시스코의 케이블카 등 정말 다양한 교통 수단이 있었네요. 자동차에 관한 자세한 내용과 80가지 교통 수단에 관한 책도 일러스트레이션이 좋아서 재미있게 볼 수 있을 거예요. 특수한 교통수단에 관한 책은 Day 40을 참조하세요.

The Goodnight Train

Subway

Amazing Airplanes

Mercy Watson Goes for a Ride

The Adventures of Taxi Dog

All Aboard the London Bus

Maybelle the Cable Car

The Polar Express

Around the World in Eighty Days

DAY 48

나뭇잎들 색이 바뀌고 있네.

🎧 MP3 듣기

아이들은 밖에서 노는 것을 너무 좋아해서 미세먼지만 아니라면 매일 데리고 나가고 싶어요.
날씨 좋은 날, 아이와 함께 산책할 때 쓸 수 있는 표현을 익혀볼게요.

1. We're going for a walk now.
2. Come this way.
3. Are you thirsty?
4. Sweetie, what's that flower?
5. The leaves are changing colors.
6. Follow me over here.
7. You can't go in there.
8. The sign says, "Keep off the grass."

 momstagram

1. 산책 나갈거야.
2. 이쪽으로 와.
3. 목마르니?
4. 아가야, 저 꽃이 뭘까?
5. 나뭇잎들 색이 바뀌고 있네.
6. 이쪽으로 따라와.
7. 저기로는 못 들어가.
8. 팻말에 "잔디밭에 들어가지 마시오" 라고 쓰여 있어.

To walk into nature is
to witness a thousand miracles.
- Mary David

MOM	**We are going for a walk now.**
	산책 나갈거야.
CHILD	**Can I take my toy cars?**
	제 장난감 차 가져가도 돼요?
MOM	**Sure, but bring only the essentials.**
	그래. 하지만 꼭 필요한 것만 챙기자.
MOM	**Look, the leaves are changing colors.**
	봐, 나뭇잎들 색이 변하고 있어.
MOM	**Don't pick the flowers.**
	꽃은 꺾지 말지.
CHILD	**What's that flower?**
	저 꽃은 뭐예요?
MOM	**It is a dandelion.**
	민들레야.

pick 고르다, 꺾다, 선택한 사람/사물

pick은 동사로 '고르다', '꺾다', '떼어내다' 등의 뜻이 있지만, '선택한 사람/사물'이라는 명사로도 쓰여요. 오늘은 문장을 보면서 pick이 어떤 의미로 쓰였는지 알아볼게요.

Can you please pick a number from here?

여기서 숫자 하나를 골라 보겠니?

I picked some flowers for you.

당신을 위해 꽃을 좀 꺾어 왔어요.

Don't pick your nose.

코 파지 마라.

Take your pick.

골라 보렴.

He is my pick for president.

그는 내가 고른 대통령감이다.

 표현 활용하여 문장 말하기

• 골라 보렴.

Take your _____.

• 코 파지 마라.

Don't _____ your nose.

• 그는 내가 고른 대통령감이다.

He is my _____ for president.

• 여기서 숫자 하나를 골라 보겠니?

Can you please _____ a number from here?

·공원

세인트 제임스 공원을 배경으로 한 달마시안, 모네의 정원과 그림을 소개하는 케이티, 켄싱턴 가
든의 피터팬 외에도 뉴욕의 센트럴 파크를 배경으로 한 책은 많아요. 이번에는 어떤 배경으로 공
원이 만들어졌는지 논픽션으로도 소개해 드려요. 국립 공원이 어떻게 생겼는지 살펴보고, 아이가
관심을 보인다면 국립공원과 관련된 좋은 논픽션이 정말 많으니까 더 확장시켜주세요.

Jurassic Park
Little Golden Book

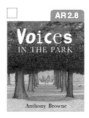

Voices in the Park

Disney: 101 Dalmatians

Water in the Park: A
Book About Water and
the Times of the Day

Lizard from the Park

Katie and the Waterlily
Pond

A Green Place to Be:
The Creation of
Central Park

Peter Pan
(Illustrated with
Interactive Elements)

The Camping Trip that
Changed America

우리 다른 거 탈까?

🎧 MP3 듣기

아이들은 한번 놀이터에 가면 집에 갈 생각을 하지 않죠. 엄마는 힘들어도 아이가 즐겁다면 몇 시간이고 놀아줄 수 있어요. 놀이터에서 쓸 수 있는 표현을 살펴볼게요.

① Let's play on the seesaw.

② That girl is already on it.

③ Let's queue for it.

④ Shall we go ride something else?

⑤ You shouldn't climb up on the slide.

⑥ I will wait for you over there.

⑦ Go down the slide as many times as you want.

⑧ Do you want to climb up on the jungle gym?

1. 시소 타자.
2. 저 여자애가 먼저 타고 있네.
3. 줄 서서 기다리자.
4. 우리 다른 거 탈까?
5. 미끄럼틀로 올라가면 안 돼.
6. 엄마가 저쪽에서 기다릴게.
7. 원하는 만큼 미끄럼틀 타렴.
8. 정글짐에 올라갈래?

📷 momstagram

♡ ☆

Make life your playground,
not your battlefield.
- Ormond McGill

I want to ride something else.

I want to ride something else.

CHILD
: **Let's go to the playground, Mom.**
엄마, 놀이터 가요.

MOM
: **Okay, but we need to come home before dinner.**
그래. 하지만 저녁 전에는 집에 와야 해.

CHILD
: **We will!**
알았어요.

MOM
: **Someone is already on the swing. Let's queue for it.**
누가 먼저 그네를 타고 있네. 줄 서서 기다리자.

CHILD
: **I want to ride something else.**
다른 거 탈래요 그럼.

MOM
: **Sure, do you want to go down the slide? You can go down as many times as you want.**
그래. 미끄럼틀 탈래? 원하는 만큼 타도 돼.

line/queue 줄 서서 기다리다

'줄 서서 기다리다'라는 표현이 하고 싶을 때 쓸 수 있는 문장을 배워 보아요. 일반적으로 미국식 영어에서는 line 을, 영국식 영어에서는 queue를 씁니다.

You need to stand in line for a long time.
오랫동안 줄 서서 기다리셔야 합니다.

Mom, that person just jumped in line.
엄마, 저 사람이 방금 새치기 했어요.

He has been standing in a long queue for tickets.
그는 티켓을 사기 위해 긴 줄에 서서 기다리고 있다.

Is this a queue to get into the gallery?
이게 미술관 들어가는 줄인가요?

Shall we join the queue now?
우리도 이제 줄 서서 기다릴까요?

표현 활용하여 문장 말하기

• 오랫동안 줄 서서 기다리셔야 합니다.

You need to _____ for a long time.

• 엄마, 저 사람이 방금 새치기 했어요.

Mom, that person just _____.

• 우리도 이제 줄 서서 기다릴까요?

Shall we _____ now?

• 이게 미술관 들어가는 줄인가요?

Is this _____ to get into the gallery?

·놀이터와 테마파크에 관한 책

놀이터와 관련된 책을 보면 규칙, 친구들과의 관계에서 오는 텐션 같은 것들이 있어요. 그리고, 아이들이 좋아하는 테마파크에 관한 이야기도 다양한데요. 디즈니의 정글 크루즈, 엘리엇의 놀이동산 이야기 책도 있고, 디즈니 덕후들이 좋아할 만한 테마파크 가이드 책도 많습니다. 테마파크의 놀이기구의 원리에 관한 과학 내용을 다루는 책도 많이 있으니, 참고로 더 찾아보세요.

My Dad Is the Best
Playground

Little Elliot, Big Fun

Daniel Goes to the
Playground

The Playground
Problem

Roller Coaster

Disney Parks Presents:
Jungle Cruise

A Quiet Place

Energy at the
Amusement Park

The Thrills and Chills
of Amusement Parks

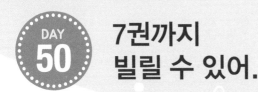

🎧 MP3 듣기

책을 좋아하는 아이로 키우려면 도서관에 자주 가는 것도 좋은 방법인 것 같아요.
책을 사는 것도 좋지만, 다양하고 폭넓게 독서를 시키고 싶다면 도서관을 이용하는 건 어떨까요?

① Shall we borrow some books from the library?

② You must be quiet at the library.

③ Let's search on the computer.

④ Here's the book we are looking for.

⑤ You can borrow up to 7 books.

⑥ Let me read you a book here.

⑦ We should put the books back.

 momstagram

The amazing benefits of
sleeping on your left side…
in the library.

1. 도서관에서 책 좀 빌려올까?
2. 도서관에서는 조용히 해야 해.
3. 컴퓨터로 찾아보자.
4. 우리가 찾는 책이 여기 있네.
5. 7권까지 빌릴 수 있어.
6. 여기서 책 한 권 읽어줄게.
7. 책 가져다 놓자.

Can we read this book here?

MOM
Shall we borrow some books from the library?
도서관에서 책 좀 빌릴까?

CHILD
Yes! I want to borrow a dinosaur book!
네! 공룡 책 빌리고 싶어요.

MOM
Let's search on the computer.
컴퓨터로 찾아보자.

CHILD
Here! I found it!
여기요! 찾았어요!

MOM
You can borrow up to 7 books at any one time.
한번에 7권까지 빌릴 수 있어.

CHILD
Can we read this book here?
여기서 읽으면 안 돼요?

오늘은 '최대한'이란 표현을 배워 볼게요. 아래 문장들은 다 같은 뜻이에요. "최대 7명의 손님을 초대할 수 있습니다"라는 표현은 다음과 같이 다양하게 표현할 수 있어요.

You may invite up to 7 guests.

최대 7명의 손님을 초대할 수 있습니다.

You may invite a maximum of 7 guests.

최대 7명의 손님을 초대할 수 있습니다.

You may invite 7 guests at most.

최대 7명의 손님을 초대할 수 있습니다.

You may invite no more than 7 guests.

최대 7명의 손님을 초대할 수 있습니다.

You may not invite more than 7 guests.

최대 7명의 손님을 초대할 수 있습니다.

표현 활용하여 문장 말하기

• 최대 7명의 손님을 초대할 수 있습니다.

You may invite _____ 7 guests.

You may invite 7 guests _____.

You may invite _____ 7 guests.

You may _____ invite _____ 7 guests.

212

· 도서관과 관련된 책

도서관에서의 예절, 스토리타임에 관한 그림책이 정말 많습니다. 도서관에 등장하는 동물도 참 다양하고요. 특히 사자가 많이 등장하는데, 그 이유는 뉴욕 공공 도서관의 상징이기 때문이겠죠. 어린이들에게 친근한 캐릭터가 도서관에서 경험하는 이야기를 접하게 해 주시고, 큰 어린이들은 도서관을 배경으로 하는 챕터를 읽어도 좋겠어요.

The Library Book

Lola at the Library
(Lola Reads)

Splat the Cat and
the Late Library Book

Wolves

Lost in the Library

Library Mouse

The Tiny Hero of Ferny
Creek Library

Escape from Mr.
Lemoncello's Library

Matilda

DAY 51

새로 나온 책들이 많네.

◁) MP3 듣기

서점에서 조용히 책을 구경하는 것도 아이와 할 수 있는 좋은 활동이에요. 꼭 책을 사겠다는 목적이 있을 필요는 없어요. 책을 읽는 환경에 아이를 많이 노출시킬수록 아이가 책과 가까워지지 않을까요?

1. How about going to the bookstore?

2. Let's go to the second-hand bookshop.

3. They buy and sell used books.

4. There are lots of new books out.

5. Don't crumple the books.

6. This book looks interesting.

7. Did you pick all that you want?

8. We should stand in line to pay.

momstagram

Hurry!
There's a sale!

1. 서점 갈까?
2. 중고 서점에 가보자.
3. 헌책을 사고파는 곳이야.
4. 새로 나온 책들이 많네.
5. 책들을 구기면 안 돼.
6. 이 책 재미있어 보이네.
7. 다 골랐니?
8. 계산하려면 줄 서야 해.

MOM **How about going to the bookstore today?**
오늘 서점 갈까?

CHILD **Cool! I like that idea!**
와! 좋아요!

CHILD **Mom, I want to read this one now.**
엄마, 지금 이 책 읽고 싶어요.

MOM **Children are reading books over there.**
저기에서 아이들이 책 읽고 있네

MOM **Shall we read some books like them?**
우리도 아이들처럼 책 읽어 볼까?

CHILD **Yes, Mom.**
네 엄마.

중고 관련 표현

오늘은 다양한 표현의 '중고', '중고의'라는 의미의 단어를 익혀 볼게요. Second-hand 또는 used가 주로 쓰이지만, 조금 더 세련된 표현들도 있으니 눈에 익혀두시면 좋을 것 같아요.

I don't like buying used items.
나는 중고 물품을 사는 것을 좋아하지 않는다.

I often buy pre-owned toys for my children.
나는 자주 내 아이들에게 중고 장난감을 사준다.

He just bought some previously owned camping gear.
그는 얼마 전에 중고 캠핑용품을 구입했다.

There are many great second-hand book shops in London.
런던에는 좋은 중고 서점이 많이 있다.

My daughter enjoys wearing her cousin's hand-me-downs.
내 딸은 사촌언니에게서 물려받은 옷을 즐겨 입는다.

표현 활용하여 문장 말하기

• 나는 자주 내 아이들에게 중고 장난감을 사준다.

I often buy _____ toys for my children.

• 런던에는 좋은 중고 서점이 많이 있다.

There are many great _____ book shops in London.

• 나는 중고 물품을 사는 것을 좋아하지 않는다.

I don't like buying _____ items.

• 그는 얼마 전에 중고 캠핑용품을 구입했다.

He just bought some _____ camping gear.

· 쇼핑과 관련된 책

아이들이 좋아하는 사탕, 초콜릿 가게, 장난감 가게, 뿐만 아니라 서점, 모자 가게 등 다양한 공간
에서 쇼핑을 하는 것은 즐거운 일이죠. 쇼핑몰에 있는 고릴라, 그리고 동물과 몬스터가 어떤 일을
겪었는지 함께 즐겨주세요.

Sheep in a Shop

The Little Shop
of Monsters

Santa's Toy Shop

Ivan: The Remarkable
True Story of the
Shopping Mall Gorilla

Bill in a China Shop

The Magic Hat Shop

The Book Itch

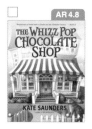

The Whizz Pop
Chocolate Shop

The Candy Shop War

DAY 52

충치가 있네.

MP3 듣기

병원은 아이들이 가장 싫어하는 장소 중 하나인데요.
병원에서 쓰이는 간단한 표현들을 익혀서 역할 놀이를 할 때 활용해 보세요.

1. You are burning up.

2. I think you should see a doctor.

3. Is your head hurting?

4. You are getting vaccinated today.

5. Let's roll up your right sleeve.

6. It might sting a little.

7. You have a decayed tooth.

8. You have to take the tooth out.

momstagram

I know you are not feeling well, but I will be here to help you get better. Stay strong, my child.

1. 온몸이 뜨겁네.
2. 병원에 가야겠어.
3. 머리 아프니?
4. 오늘은 예방 주사 맞을 거야.
5. 오른쪽 소매 걷어보자.
6. 약간 따끔할지도 몰라.
7. 충치가 있네.
8. 그 이를 뽑아야 해.

218

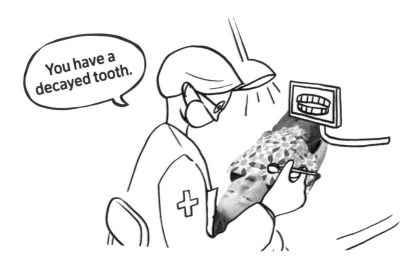

MOM	**You are burning up.**
	온몸이 뜨겁네.
CHILD	**Mom, I am not feeling good.**
	엄마, 나 아파요.
MOM	**I think you should see a doctor.**
	병원에 가야겠구나.
MOM	**You are getting vaccinated today.**
	오늘은 예방 주사 맞을 거야.
CHILD	**I don't like getting injections.**
	주사 맞기 싫어요.
MOM	**Shall we get some candy after this?**
	우리 이거 끝나고 사탕 먹을까?
CHILD	**Okay, Mom.**
	네, 엄마.

'아프다'라는 표현을 할 때 여러 단어를 쓸 수 있지만, hurt라는 단어를 익혀볼게요. hurt는 동사와 형용사 형으로 주로 쓰이며 타동사, 자동사 둘 다 가능하고, 신체뿐만 아니라 정신과 마음이 아플 때도 쓸 수 있어요.

I am sorry! Did I just hurt you?

죄송합니다! 제가 당신을 다치게 했나요?

Mom complains that it hurts when she walks.

엄마가 걸으실 때 통증이 느껴지신다고 하세요.

I have been walking for ages. My feet hurt!

정말 오랫동안 걸었어. 다리가 아파!

You hurt my feelings!

네가 내 감정을 상하게 했어!

Sometimes I am not angry, I am hurt and there is a big difference.

때로 나는 화가 난 것이 아니라 마음이 아프다. 그리고 그 둘은 큰 차이가 있다.

표현 활용하여 문장 말하기

• 너가 내 감정을 상하게 했어!

You _____ my feelings!

• 정말 오랫동안 걸었어. 다리가 아파!

I have been walking for ages. My feet _____!

• 죄송합니다! 제가 당신을 다치게 했나요?

I am sorry! Did I just _____ you?

• 엄마가 걸으실 때 통증이 느껴지신다고 하세요.

Mom complains that it _____ when she walks.

• 병원과 관련된 책

의사 선생님을 만나러 가는 긴장되는 이야기는 아이들의 공감을 불러일으킬 거고요, 또 아이들이 좋아하는 동물을 돌보는 의사 선생님에 관한 책도 흥미롭습니다. 제인 구달이 1900년에 직접 쓴 책도 아름다운 일러스트레이션으로 만나볼 수 있어요. 영양(Day 5), 치아 건강(Day 18), 수면(Day 24), 인체(Day 30)와 관련된 책도 함께 연계해서 보여주세요.

Daniel Visits the Doctor

Splat the Cat Goes to the Doctor

Dog Breath: The Horrible Trouble with Hally Tosis

A Sick Day for Amos McGee

Franklin Goes to the Hospital

Zog and the Flying Doctors

El Deafo

Dr. White (Jane Goodall)

Joan Procter, Dragon Doctor

옷 갈아입자.

MP3 듣기

물놀이는 언제나 아이들에게 환영받는 놀이입니다. 아이들이 수영을 배우면서 건강해지고, 물이 주는 편안함으로 정서적으로도 좋다고 해요. 물놀이와 수영을 할 때 쓰이는 표현을 알아보도록 해요.

1. Put on your swimming suit.

2. You must walk slowly at the pool.

3. The floor is wet and slippery.

4. Don't jump into the pool.

5. Do not take off your life jacket.

6. Let's take a break and swim again later.

7. You have played enough today.

8. Let's get changed.

momstagram

Don't be afraid
to make a splash!!

1. 수영복 입어.
2. 수영장에서는 천천히 걸어야 해.
3. 바닥이 젖어서 미끄러워.
4. 수영장에 점프해서 들어가지 마.
5. 구명조끼 벗으면 안 돼.
6. 조금 쉬었다가 나중에 다시 수영하자.
7. 오늘은 충분히 놀았어.
8. 옷 갈아입자.

MOM
You need to get changed in the changing room.
탈의실에서 옷 갈아입어야해.

CHILD
I can do it by myself.
저 혼자 할 수 있어요.

MOM
Sure, you can.
그럼, 당연하지.

MOM
The floor is wet and slippery.
바닥이 젖어서 미끄러워.

MOM
You must walk slowly at the pool.
수영장에서는 천천히 걸어야 해.

CHILD
Okay, Mom. Let's hop in!
네, 엄마. 얼른 들어가요!

옷 관련 표현

"옷을 입고 벗고 갈아입다"라는 표현에는 입다(put on)과 벗다(take off)란 표현을 자주 쓰셨을 거예요.
옷 갈아입을 때 사용하는 "지퍼를 올리다/내리다", "단추를 잠그다/열다"를 알아보도록 해요.

I will get changed quickly.

빨리 옷 좀 갈아입을게.

Can you button up your shirt by yourself?

혼자 단추 잠글 수 있겠니?

Let me unbutton your cardigan.

내가 카디건 단추 풀어줄게.

You need to zip up your jacket.

재킷 지퍼 올려라.

Can you unzip your coat?

코트 지퍼 내릴래?

 **표현 활용하여 문장 말하기**

• 코트 지퍼 내릴래?

Can you _____ your coat?

• 내가 카디건 단추 풀어줄게.

Let me _____ your cardigan.

• 재킷 지퍼 올려라.

You need to _____ your jacket.

• 빨리 옷 좀 갈아입을게.

I will _____ quickly.

· 수상 스포츠와 물가에서 일어난 이야기

수영과 관련된 책은 많이들 보셨을 것 같아서, 수상 스포츠와 연못, 바닷가에서 일어난 이야기를 위주로 소개해 드립니다. Burt Dow, The Raft는 리딩 레벨은 높은 편이지만 그림 위주의 책이기 때문에 읽어주시기에는 크게 부담이 없으실 거예요. 좋아하는 세계적인 수영 선수가 있다면 검색해 보시면 다양한 레벨의 책이 있을 거예요. 육상 스포츠와 관련된 책은 Day 36을 참조해 주세요.

Rosie the Dragon and
Charlie Make Waves

Pete the Cat: Scuba-Cat

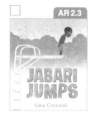

Jabari Jumps

Surf's Up!:
An Acorn Book

McElligot's Pool
(Classic Seuss)

Burt Dow, Deep-Water
Man

The Raft

America's Champion
Swimmer

Luciana:
Braving the Deep

여기서 모래놀이 할 수 있어.

⌂ MP3 듣기

미세먼지, 추위, 더위와 싸워야 할 때, 놀이터에서 놀고 싶어 하는 아이를 데리고 갈 수 있는 실내 놀이터는 키즈 카페가 있죠. 오늘은 여러 가지 체험도 할 수 있는 키즈 카페에서 나누는 대화를 익혀볼게요.

1. **Do you want to go to a kids cafe today?**

2. **You can play with sand here.**

3. **Don't dive into the ball pool.**

4. **You can go back and play after food.**

5. **If you are hungry, come back to the table.**

6. **Do you want to go elsewhere?**

7. **I will be here, so let me know if you need me.**

momstagram

Toys
Toys Everywhere

1. 오늘 키즈 카페 가고 싶니?
2. 여기서 모래놀이 할 수 있어.
3. 볼풀장에 다이빙하지 마.
4. 밥 먹고 다시 놀아.
5. 배고프면 테이블로 와.
6. 다른 데로 가고 싶니?
7. 엄마 여기 있으니까 필요하면 불러.

I love kids cafes!

MOM
Do you want to go to a kids cafe today?
오늘 키즈 카페 가고 싶니?

CHILD
Yeah! I love kids cafes!
네! 키즈 카페 좋아요!

CHILD
I want to play with sand!
모래놀이 하고 싶어요!

MOM
You can do that. I will be here reading a book.
그래. 엄마는 여기서 책 읽고 있을게.

MOM
Let me know if you need me.
필요하면 엄마 불러.

CHILD
Okay, I will play in the ball pool.
알았어요. 전 볼풀장에서 놀게요.

* kids cafe는 cafe나 restaurant의 일종으로 생각하면 됩니다. cat cafe, dog cafe처럼 카페지만 아이들이 노는 공간이기 때문에 kids cafe라고 부릅니다.

227

elsewhere는 '다른 곳에서(으로)'라는 뜻의 부사인데요. 문장을 통해 어떻게 활용하여 사용하는지 익혀 보겠습니다.

Do you want to be elsewhere?

다른 곳에 가고 싶니?

My son can't sleep well elsewhere.

내 아들은 다른 곳에서 잠을 잘 못 잔다.

I want you to watch it elsewhere. It is too loud.

다른 데 가서 봤으면 좋겠다. 너무 시끄러워.

Why don't you look elsewhere if you can't find it in your room?

네 방에서 찾지 못하겠으면 다른 곳을 한번 찾아보는 게 어때?

I think your mind is elsewhere. You are not listening to me at all.

너 다른 생각하고 있는 것 같구나. 내 말을 하나도 듣고 있지 않잖아.

표현 활용하여 문장 말하기

- 다른 데 가서 봤으면 좋겠다. 너무 시끄러워.

I want you to watch it _____. It is too loud.

- 내 아들은 다른 곳에서 잠을 잘 못 잔다.

My son can't sleep well _____.

- 다른 곳에 가고 싶니?

Do you want to be _____?

- 너 다른 생각하고 있는 것 같구나.

I think your mind is _____.

• 장난감에 관한 책

장난감은 아무리 많아도 만족이 안 되는 것 같아요. 장난감에 관한 책은 토이스토리가 단연 압도적으로 많은데요. 아이의 리딩 레벨에 맞는 책을 보여주시고 영화와 병행하시면 좋겠네요. 리딩 레벨이 높아서 장난감의 과학적 원리(발명), 장난감에 관함 다양한 챕터북을 소개해드리진 못했는데, 큰 어린이들도 장난감과 관련된 이야기를 많이 본 다는 것을 알 수 있었어요.

Max's Toys
Olivia . . . and the Missing Toy
Toys Meet Snow

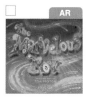

The Marvelous Toy
Toy Story 4
Toys in Space

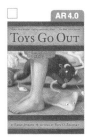

Toy Boat
Toys go out
Toy Academy: Some Assembly Required

DAY 55

배우들에게 박수 쳐 주자.

⌢ MP3 듣기

공연 감상은 아이에게 순수한 예술적인 풍부함을 주는 것뿐만 아니라, 매너 있게 행동하는 가운데 마음껏 즐기는 것을 경험하고, 자신의 행동을 상황에 따라 분별하는 센스도 키울 수 있는 것 같네요.

1. **The show is quite long.**

2. **You'd better go to the toilet now.**

3. **You should not talk during the show.**

4. **Our seats are A16-17.**

5. **We cannot take photos during the performance.**

6. **Give the actors a big applause.**

7. **If you want to pee, tell me quietly.**

1. 공연이 꽤 길거야.
2. 지금 화장실에 다녀오는 게 좋아.
3. 공연 중에는 얘기하면 안 돼.
4. 우리 좌석은 A16-17이야.
5. 공연 중에는 사진을 찍으면 안 돼.
6. 배우들에게 박수 쳐 주자.
7. 쉬하고 싶으면 엄마한테 조용히 말해.

momstagram

See You At The
Curtain Call

MOM

Let's go to the toilet first.

화장실 먼저 가자.

CHILD

I don't need to pee.

쉬 안 마려운데요.

MOM

But the show is quite long, you'd better go to the toilet now.

그래도 공연이 꽤 기니까 지금 화장실 다녀오는 게 좋아.

MOM

You know you should not talk during the movie, don't you?

영화 상영 중에는 얘기하면 안 돼, 알지?

CHILD

Yes, Mom. When does it start?

네, 엄마. 언제 시작해요?

MOM

It's almost movie time.

영화 시간 거의 다 됐어.

should ~해야 한다

충고와 제안을 할 때 쓰이는 조동사 should는 must, had better보다는 덜 강압적인 뉘앙스예요. '~하는 게 좋겠다', '~해야 한다'로 해석되며, I think를 붙여서 좀 더 자연스러운 회화체를 만들 수도 있답니다.

You should clean up your room now.
지금 네 방 치워라.

You should ask your dad.
아빠한테 물어봐야 해.

You should not talk like that.
그렇게 말하면 안 돼.

You should not scratch mosquito bites.
모기 물린 데 긁으면 안 돼.

I think you should go home soon.
내 생각엔 너 이제 집에 가야 할 것 같은데.

 표현 활용하여 문장 말하기

• 아빠한테 물어봐야 해.

  You _____ ask your dad.

• 그렇게 말하면 안 돼.

  You _____ not talk like that.

• 지금 네 방 치워.

  You _____ clean up your room now.

• 모기 물린 데 긁으면 안 돼.

  You _____ not scratch mosquito bites.

• 공연과 관련된 책 (뮤지컬을 중심으로)

아름다운 책은 늘 극으로 재탄생되어 더 큰 재미를 줍니다. 그 중에서도 뮤지컬은 언어를 배우는 입장에서 스토리와 음악으로 언어 자극을 하며, 자연스럽게 문화와 언어를 익히다보니 가장 효과적인 영어 경험인 것 같네요. **Day 32** 가족 이야기를 다루는 고전에 속하는 책도 대부분 극화되었으니 함께 참조해 주세요.

Where's Spot?

The Gruffalo

Pinkalicious

The Tiger
Who Came to Tea

The Snail and the
Whale

The Wind in the
Willows

Old Possum's Book of
Practical Cats

A Stage Full of
Shakespeare Stories

Mary Poppins

◁ MP3 듣기

DAY 56
양 먹이 줘 볼래?

오늘은 아이와 함께 동물원에 한번 가볼까요? 동물과의 교감은 어린이 정서 발달에 좋다고 해요.
동물들과 교감도 하고, 동물에 대해 관찰하고 배울 수 있는 기회가 될 수 있어요.

1 What animals live at the zoo?

2 What other animals do you want to see?

3 Do you want to feed a sheep?

4 Let's go and see a dolphin show if we have time.

5 This fish is called a balloon fish.

6 Shall we read this to find out why it's called a balloon fish?

7 It says if you sit here, you might get splashed.

momstagram

1. 어떤 동물들이 동물원에 살까?
2. 또 어떤 동물을 보고 싶니?
3. 양 먹이 줘 볼래?
4. 시간이 되면 돌고래 쇼 보자.
5. 이 물고기는 balloon fish (복어) 래.
6. 왜 balloon fish 라고 부르는지 한번 읽어 볼까?
7. 여기 앉으면 물이 튈 수도 있다고 쓰여 있네.

A child who loves animals is an adult who has compassion for people.
- Toni Payne

I want to see a lion!

I want to see a lion.

CHILD	Mom, look here! It's a seahorse.
	엄마, 저기 봐요! 해마예요.
MOM	Yes, it looks like a horse and it lives in the sea.
	그래, 말처럼 생겼는데 바다에 사는구나.
CHILD	I see! That's why it's called a seahorse.
	그렇구나! 그래서 해마라고 부르는군요.

MOM	What other animals do you want to see?
	또 어떤 동물을 보고 싶니?
CHILD	I want to see a lion!
	사자 보고 싶어요!
MOM	Sure. Do you want to see a dolphin show later?
	그래. 이따가 돌고래 쇼도 볼래?
CHILD	Wow! I can't wait to see dolphins!
	와! 얼른 돌고래 보고 싶어요!

Let's find out if ～하는지 알아 보자

find out은 '알아내다', '알아 보자'라는 뜻의 숙어예요. 뒤에 if로 시작하는 문장을 붙이면 '～하는지 알아 보다'라는 뜻이에요. 그리고 '～하자'라는 의미의 let's를 앞에 쓰면 '～하는지 알아 보자'라는 의미가 됩니다.

Let's find out if **there are sharks here.**
여기 상어가 있는지 알아 보자.

Let's find out if **it is cold outside.**
밖에 추운지 알아 보자.

Let's find out if **it works this time.**
이번엔 작동하나 한번 보자.

Let's find out if **you like kimchi.**
네가 김치를 좋아하나 한번 (먹어) 보자.

Let's find out if **you are allowed to have a swim here.**
여기서 수영을 해도 되나 알아 보자.

표현 활용하여 문장 말하기

• 여기 상어가 있는지 알아 보자.

_____ there are sharks here.

• 이번엔 작동하나 한번 보자.

_____ it works this time.

• 밖에 추운지 알아 보자.

_____ it is cold outside.

• 네가 김치를 좋아하나 한번 (먹어) 보자

_____ you like kimchi.

236

•동물과 관련된 책

아이들이 좋아하는 동물에 관한 책을 소개해 드렸어요. 동물마다 성격을 부여하거나 상징하는 바가 있다 보니 사람을 주인공으로 한 이야기보다 더 현실적이고 실감나는 이야기를 보기도 하네요. 큰 아이들의 경우 zooology 관련 책을 찾아보는 것도 좋을 듯 합니다.

Snail & Worm Again

They All Saw A Cat

Red and Lulu

The Runaway Bunny

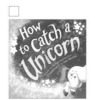

How to Catch a Unicorn

Follow the Moon Home

The Three Little Wolves
and the Big Bad Pig

What If You Had Animal
Ears!?

The Secret Zoo

237

DAY 57

주인공은 이야기에서 제일 중요한 인물이야.

🎧 MP3 듣기

소중하게 남는 어린 시절 기억 중 하나가 엄마, 아빠와 함께 책 읽는 시간인 것 같아요.
차분하게 앉아서 책을 읽으면서 온전히 둘 만의 시간을 가져 보아요.

1. Do you want to pick an English book?

2. What's on the book cover?

3. The author of this book is Helen Choi.

4. What do you think will happen next?

5. Who was the main character?

6. A main character is the most important person in the story.

7. What did the main character do?

Book Yoga

1. 네가 영어책 골라 볼래?
2. 표지에 뭐가 있지?
3. 이 책 지은이는 헬렌 최구나.
4. 다음에는 무슨 일이 일어날 것 같니?
5. 주인공이 누구였지?
6. 주인공은 이야기에서 제일 중요한 인물이야.
7. 주인공이 뭐 했지?

MOM
Do you want to read an animal book today?
오늘 동물 이야기책 읽어 볼까?

CHILD
Yes! I like animals!
네! 동물 좋아요!

MOM
You pick an English book then.
그럼 네가 영어책 골라 와.

CHILD
Mom, turn the page, please.
엄마, 넘겨 주세요!

MOM
But we didn't finish reading this page.
이 페이지 다 안 읽었는데.

CHILD
Hurry! Let me see the next page.
빨리요! 다음 페이지 보여 주세요.

MOM
Well, what do you think will happen next?
자, 다음에 무슨 일이 일어날 것 같니?

무작정 What is it?(그게 뭐야?)라고 묻는 대신 What do you think ~를 써서 상대방의 의견을 조금
더 존중하는 느낌으로 물어볼 수 있어요.

What do you think the color is?
이 색이 무슨 색이라고 생각하니?

What do you think you should do now?
지금 넌 뭘 해야 한다고 생각하니?

What do you think I need to do here?
여기서 내가 뭘 해야 한다고 생각하니?

What do you think I should wear for the party?
파티에 뭘 입고 가야한다고 생각하니?

What do you think the main idea of this story is?
이 이야기의 중심 생각이 뭐라고 생각하니?

표현 활용하여 문장 말하기

• 파티에 뭘 입고 가야한다고 생각하니?

_____ _____ I should wear for the party?

• 여기서 내가 뭘 해야 한다고 생각하니?

_____ I need to do here?

• 이 색이 무슨 색이라고 생각하니?

_____ the color is?

• 이 이야기의 중심 생각이 뭐라고 생각하니?

_____ the main idea of this story is?

•책에 관한 책

책 또는 읽기에 관한 책을 보면, 책을 좋아해서 책만 보는 주인공보다는 책을 읽기가 어렵다거나, 책을 읽으며 엉뚱한 생각을 하는 이야기가 더 많은 것 같아요. 그만큼 책을 읽는 것이 많은 사람들에게 쉬운 일은 아니라는 뜻이겠죠. 우리도 그런 과정을 겪으며 독서를 하게 되었고, 또 지금 이렇게 아이에게 영어책을 권하는 부모가 되기까지 힘들었던 시간과 즐거웠던 시간이 있었던 것 같네요.

The Wall in the Middle of the Book

There Was an Old Lady Who Swallowed Some Books!

Diary of a Worm

The Incredible Book Eating Boy

Interrupting Chicken and the Elephant of Surprise

How Rocket Learned to Read

The Fantastic Flying Books of Mr. Morris Lessmore

Ban This Book

Book Scavenger

DAY 58

오늘은 어떤 거 보고 싶어?

▶ MP3 듣기

흥이 많은 우리 아이와 함께 오늘은 음악을 들으며 파티 타임을 가져 보아요!
신나는 표현이 아주 많이 있습니다.

① What song do you want to listen to?

② Let's play some exciting music!

③ Shall we sing along together?

④ Do you want to dance to it?

⑤ What do you feel like watching today?

⑥ Eeny-meeny-miney-mo-catch-a-tiger-by-his-toe!

⑦ Do you want to watch one with robots?

⑧ What was the most exciting part?

1. 무슨 노래 듣고 싶어?
2. 신나는 노래 틀자!
3. 우리 같이 노래 따라 부를까?
4. 노래에 맞춰서 춤 출까?
5. 오늘은 어떤 거 보고 싶어?
6. 어느 것을 고를까요 알아맞혀 보세요 딩동댕!
7. 로봇 나오는 거 보고 싶니?
8. 어느 부분이 제일 재미있었어?

momstagram

♡ ♡ ☆

Here she comes…..
-She's a superstar!

242

I want Korean subtitles.

CHILD	**Mom, can I watch this and that?** 엄마, 이거랑 저거 보면 안 돼요?
MOM	**You are supposed to watch only one a day. Choose one.** 하루에 하나만 보기로 했잖아. 하나만 골라.
CHILD	**Eeny-meeny-miney-mo-catch-a-tiger-by-his-toe! This one!** 어느 것을 고를까요, 알아맞혀 보세요. 딩동댕!
	(After watching DVD) (DVD 시청 후)
MOM	**Did you enjoy it? What was the most exciting part?** 재미있게 봤니? 어느 부분이 제일 재미있었어?
CHILD	**I liked when the monster was taken down.** 괴물을 물리치는 부분이 재미있었어요.

What do you feel like -ing? 뭐 하고 싶어요?

feel like -ing 형태는 '~을 하고 싶다'라는 의미예요. 의문문으로 상대방의 생각을 물어볼 때 쓸 수 있는 표현인데 어떻게 활용할 수 있는지 보겠습니다.

What do you feel like eating?
뭐 먹고 싶니?

What do you feel like playing?
뭐하고 놀고 싶니?

What do you feel like listening to?
뭐 듣고 싶니?

What do you feel like doing this weekend?
이번 주말에는 뭐 하고 싶니?

What do you feel like reading before bedtime?
잠자기 전에 뭐 읽고 싶니?

표현 활용하여 문장 말하기

• 뭐하고 놀고 싶니?

_____ play_____ ?

• 뭐 듣고 싶니?

_____ listen_____ to?

• 이번 주말에는 뭐 하고 싶니?

_____ do_____ this weekend?

• 뭐 먹고 싶니?

_____ eat_____ ?

·노래, 음악과 관련된 책

노래로 만들어진 아름다운 책, 또는 책으로부터 영감을 받아서 노래로 만들어진 책이 많이 있는데, 아이들이 즐길 수 있는 것을 몇 권 소개해 드렸어요. 다른 과에서 소개된 Whole World(Day 1), What does the fox say?(Day 15), Take me out to the ball game(Day 35) 책도 유명한 노래를 주제로 한 책인데요. 함께 듣고 보셔도 좋겠어요.

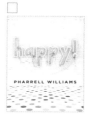

Happy!

What a Wonderful
World

Elvis Presley's
Love Me Tender

Imagine

Over the Rainbow

Walking in A Winter
Wonderland

The Twelve Days
of Christmas

Welcome to the
Symphony

The Magic Flute

DAY 59

그 상황에서 넌 어떻게 했을 것 같아?

♪ MP3 듣기

책을 읽은 후 엄마와 함께 북리포트를 쓰면서 읽었던 내용을 정리하고 기록하는 것도 제대로 책을 감상하는 좋은 방법이에요. 생각과 느낌을 정리하는 능력을 키우는 데 큰 도움이 되기 때문에 한 번씩 써보시길 권해요.

1 Shall we write a book report?

2 You can write or draw something about the book you read.

3 Let's make a book report together.

4 Fill out the boxes on the form one by one.

5 Draw what you remember from the book.

6 Let's write the key information about the book.

7 What would you do in this situation?

 momstagram

You can make anything by writing!

1. 북 리포트 써 볼까?
2. 네가 읽은 책에 대해 글을 쓰거나 그림을 그려 보는 거야.
3. 같이 북리포트를 만들어 보자.
4. 이 북리포트 양식에 하나씩 적어 보자.
5. 책에서 기억에 남는 장면을 그려 봐.
6. 책에 대한 기본 사항을 적어 보자.
7. 그 상황에서 넌 어떻게 했을 것 같아?

MOM

Shall we write a book report today?

오늘은 북리포트를 써볼까?

CHILD

What is that?

그게 뭔데요?

MOM

You can write or draw something about the book you read.

네가 읽은 책에 대해 글을 쓰거나 그림을 그려 보는 거야.

CHILD

I want to draw!

그림 그릴래요!

MOM

Sure. But let's fill out the boxes on the form first. You write the title and the author here. I can help you with writing.

그래. 하지만 먼저 이 양식에 적어보자. 여기에 제목과 지은이를 써봐. 쓰는 거 엄마가 도와줄게.

What would you do ~? 너는 뭘 하겠니?

"What would you do ~?"는 일어나지 않은 일에 대한 가정법으로 이러러한 상황에서 '너는 뭘 하겠니', '어떻게 할 거야?'라는 의미예요. 뒤에 if절이 온다면 꼭 동사는 과거형으로 써주세요. 일어나지 않은 일에 대해 묻는 것이 포인트입니다.

What would you do if you lost the game?
게임에서 진다면 어떻게 할 거야?

What would you do if you won the lottery?
복권에 당첨된다면 뭘 할 거야?

What would you do if you were invisible?
네가 만약 보이지 않는다면 어떻게 할 거야?

What would you do if you had a superpower?
네가 만약 슈퍼파워가 있다면 뭘 할 거야?

What would you do if you found money in the street?
길거리에서 돈을 주웠다면 어떻게 할 거야?

표현 활용하여 문장 말하기

- 게임에서 진다면 어떻게 할 거야?

_____ if you lost the game?

- 길거리에서 돈을 주웠다면 어떻게 할 거야?

_____ if you found money in the street?

- 네가 만약 슈퍼파워가 있다면 뭘 할 거야?

_____ if you had a superpower?

- 복권에 당첨된다면 뭘 할 거야?

_____ if you won the lottery?

추천
도서

·쓰기에 관한 책

쓰기와 관련하여 라이팅 툴이나, 글 쓰는 법(시 쓰는 법) 등 참 아름답고 좋은 책이 많은 편인데요.
우리가 비원어민으로서 가장 편안하게 접근할 수 있는 단어와 작가들에 대해서 소개해 드렸습니
다. 아름다운 사전이 많으니 아이 취향에 맞게 고르시면 될 듯 해요. 큰 아이들은 유의어 사전도 같
이 보는 것이 라이팅에 많이 도움이 될 거예요.

Alphablock

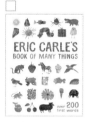

Eric Carle's Book of
Many Things

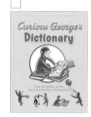

Curious George's
Dictionary

Fancy Nancy's Favorite
Fancy Words

Mo Willems

Merriam-Webster's
First Dictionary

Ordinary, Extraordinary
Jane Austen

Will's Words: How William
Shakespeare Changed
the Way You Talk

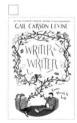

Writer to Writer:
From Think to Ink

DAY 60

손 안 놓을게.

▷ MP3 듣기

언어는 어릴 때부터 그 언어에 노출이 많을수록 빨리, 쉽게 배워요. 소리에 민감한 유아기 아이들은 받아들이는 속도가 남다르기 때문인데요. 알아듣지도 못하는데 무슨 말을 할까 하고 고민 말고 많이 얘기해 주세요.

❶ You are not a little baby anymore.

❷ I think it's time to pee in the potty.

❸ Do you have to go poo poo?

❹ Do you want to try walking now?

❺ Take my hand.

❻ I won't let go of your hand.

❼ Be careful not to fall.

⃝ momstagram

◯ ♡ ☆   ▯

Future Picasso!

1. 이제 더 이상 아기가 아니구나.
2. 변기에 쉬야 할 때가 된 것 같아.
3. 응가 해야 하니?
4. 지금 걸어볼래?
5. 엄마 손 잡아.
6. 손 안 놓을게.
7. 넘어지지 않게 조심해.

Do you want to try walking?

Do you want
to try walking?

MOM	**I think it's time to pee in the potty. Do you have to pee now?** 변기에 쉬야 할 때가 된 것 같아. 지금 쉬야 할래?
CHILD	**Yes.** 네
MOM	**Well done! You did it! You are not a little baby anymore.** 잘했어! 해냈구나! 이제 더 이상 아기가 아니네.

- -

MOM	**Do you want to try walking?** 걸어 볼래?
MOM	**Take my hand. Don't worry. I won't let go of your hand.** 엄마 손 잡아. 걱정마. 손 안 놓을게.

Let go of ~ 놓다. ~에서 손을 놓다

회화체에서 참 많이 쓰이는 표현이지만 익숙하지 않아서 활용하기 힘들 수 있어요. 문장을 보면서 익히시면
도움이 될 거예요.

Don't let go of the rope.
줄 놓지 마.

You need to let go of the past.
너는 과거를 잊어야 해.

Mommy needs to cook. Please let go of me.
엄마 요리해야 해. 엄마 좀 놔줘.

It's not your toy. You should let go of it.
그건 네 장난감이 아니야. 그거 내려놔.

He was so scared that he couldn't let go of my hand.
그는 너무 겁이 나서 내 손을 놓지 못했다.

 **표현 활용하여 문장 말하기**

• 엄마 요리해야 해. 엄마 좀 놔줘.

Mommy needs to cook. Please _____ me.

• 너는 과거를 잊어야 해.

You need to _____ the past.

• 그건 네 장난감이 아니야. 그거 내려놔.

It's not your toy. You should _____ it.

• 줄 놓지 마.

Don't _____ the rope.

·미취학 어린이가 좋아하는 캐릭터 (Pre k - K)

교육용 서적을 많이 출판하는 미국의 대형 출판사 Scholastic에서 어린이의 연령에 따른 인기 있는 캐릭터를 소개하고 있습니다. Day 60에서는 Pre–K(미취학 어린이) 부터 K학년(만5세) 어린이들이 좋아하는 캐릭터의 책을 보여드립니다. 이과의 책의 순서는 리딩이 아닌 연령별로 소개하는 출판사의 리스트에 따릅니다.

Baby Shark

The Wonky Donkey

Princess Truly in
I Am Truly

Peppa Goes Swimming

Pig the Pug

David goes to School

Clifford Goes to
Kindergarten

Hi! Fly Guy

Owl Diaries

DAY 61

편식하지 마.

MP3 듣기

아이가 말귀를 알아듣기 시작하면 서서히 아웃풋이 나와요.
인풋이 있는 만큼 아웃풋이 나오기 때문에 꾸준한 노출이 중요하다는 것, 잊지 마세요.

1. You might get hurt if you keep running like that.

2. Don't be a picky eater.

3. Sit at the table while you eat.

4. Go pick out some clothes for daycare.

5. Don't you think that might be too warm for today?

6. You need to flush when you are done.

7. Did you clean your bottom?

8. Let me help you wipe your bottom.

momstagram

The years of early childhood are
the time to prepare the soil.

1. 그렇게 뛰다가 다칠 수도 있어.
2. 편식하지 마.
3. 밥 먹을 땐 식탁에 앉아.
4. 어린이집에서 입을 옷 골라 봐.
5. 오늘 입기에는 좀 덥지 않을까?
6. 다 눴으면 물 내려야 해.
7. 엉덩이 닦았니?
8. 엄마가 엉덩이 닦아줄게.

MOM	**Look at Mommy.**
	엄마를 보렴.
MOM	**I will show you how to use chopsticks properly.**
	엄마가 젓가락질 어떻게 하는지 보여줄게.
CHILD	**I will use chopsticks, too.**
	저도 젓가락질 할래요.
MOM	**Is it still difficult to use chopsticks?**
	젓가락질하는 거 아직 어렵니?
CHILD	**Yes, it is.**
	네, 어려워요.
MOM	**Do you need a fork? Say "Yes, Please."**
	포크 줄까? "네, 주세요"라고 말해보렴.

서양에서는 어떤 식사 예절을 가르치는지 볼까요?

Come to the table with clean hands.

식탁에 깨끗한 손으로 오세요.

Start eating when everyone else does.

다른 사람들이 먹기 시작하면 먹으세요.

Stay seated and sit up straight.

자리를 뜨지 말고 똑바로 앉으세요.

Ask if it is okay to leave when you are finished.

식사가 끝났다면 자리를 떠도 괜찮냐고 양해를 구하세요.

Thank Mom, who prepared the meal.

식사를 준비한 엄마에게 감사 인사를 하세요.

 표현 활용하여 문장 말하기

• 자리를 뜨지 말고 똑바로 앉으세요.

Stay seated and _____.

• 다른 사람들이 먹기 시작하면 먹으세요.

_____ when everyone else does.

• 식탁에 깨끗한 손으로 오세요.

_____ with clean hands.

• 식사가 끝났다면 자리를 떠도 괜찮냐고 양해를 구하세요.

Ask if it is okay to leave _____.

·유치원부터 초등 저학년 어린이가 좋아하는 캐릭터 (K-2)

Day 61에서는 학교에 가기 시작하는 K학년(만 5세)부터 초등 2학년 어린이들이 좋아하는 캐릭터의 책을 보여드립니다. 이과의 책의 순서는 연령별로 소개하는 출판사의 구조를 따르고 있으며, K, 1, 2 숫자는 학년을 의미합니다.(몇 권의 책은 K학년으로, Day 60과 공유됩니다.)

David goes to school

Clifford Goes to
Kindergarten

Hi! Fly Guy

Glacier Adventure

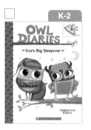

Owl Diaries

American Girl:
WellieWishers:
Kendall's Snow Fort

Juana & Lucas

Henry and Mudge

Dog Man: For Whom
the Ball Rolls

DAY 62

질문하는 것을 부끄러워하지 마.

🎧 MP3 듣기

아이가 학교에 갈 나이가 되면 정말 아이와 대화할 시간이 없어져요. 하지만 등하굣길에, 학원에 다녀와서 짧게라도 엄마와 대화를 나누는 게 중요한 것 같네요.

① Let me walk with you to school.

② Let me drive you to school.

③ How was school today?

④ How did you do on the test today?

⑤ Did you do your homework?

⑥ How did you solve this problem?

⑦ Try to write the letters clearly.

⑧ Don't be shy to ask questions.

momstagram

♡ ☆

Back To School
Is In The Air

1. 엄마가 학교까지 같이 가 줄게.
2. 엄마가 학교까지 태워다 줄게.
3. 오늘 학교 어땠어?
4. 오늘 시험 잘 봤어?
5. 숙제 했니?
6. 이 문제 어떻게 풀었어?
7. 글씨 똑바로 써 봐.
8. 질문하는 것을 부끄러워하지 마.

I will walk with you to school.

MOM   **Hurry up. I will walk with you to school today.**
서둘러라. 엄마가 오늘 학교까지 같이 가줄게.

CHILD   **Okay, I am ready.**
알았어요. 다 됐어요.

- -

CHILD   **I'm home now!**
집에 왔어요!

MOM   **You are home!**
집에 왔니!

MOM   **How was school today?**
오늘 학교 어땠어?

CHILD   **I had fun at school.**
학교 재밌었어요.

학교 관련 질문

학교에 관련해서 여러 가지 질문을 할 수 있는데, 이에 관한 질문을 알아보도록 하겠습니다.

What was the best part of your day at school?
오늘 학교에서 뭐가 가장 좋았어?

What was the hardest thing you had to do today?
오늘 해야 했던 일 중에 가장 힘들었던 게 뭐니?

What did you read in class today?
오늘 수업 시간에 뭐 읽었니?

Who did you play with today?
오늘 누구랑 놀았어?

Who did you sit with at lunch?
점심 시간에 누구랑 같이 앉았어(먹었어)?

표현 활용하여 문장 말하기

• 오늘 누구랑 놀았어?

_____ play with today?

• 점심 시간에 누구랑 같이 앉았어(먹었어)?

_____ sit with at lunch?

• 오늘 수업 시간에 뭐 읽었니?

_____ read in class today?

• 오늘 학교에서 뭐가 가장 좋았어?

_____ of your day at school?

· 2학년 이상 어린이들이 좋아하는 캐릭터 (2~8)

Day 62에서는 2학년부터 8학년 어린이들이 좋아하는 캐릭터가 등장하는 다양한 책을 보여드립니다. 리딩 레벨이 아닌 연령별로 소개하는 출판사의 순서를 따르고 있으며, 숫자는 학년을 의미합니다.

Captain Underpants

Geronimo Stilton:
Geronimo on Ice!

LEGO Ninjago:
Zane: Ninja of Ice

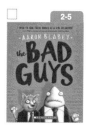

The Bad Guys

Harry Potter and the
Sorcerer's Stone

Diary of an Awesome
Friendly Kid

Diary of a Wimpy Kid

Bone: Out from
Boneville

Miles Morales Spider-
Man

네가 조금만 참아줄 수 있니?

MP3 듣기

형제 간 갈등은 아마 어느 집에서나 볼 수 있는 흔한 풍경일 거예요. 외동일 경우에도
사촌들 간에, 친한 친구들 간에 갈등은 있지요. 그런 갈등을 현명하게 잘 중재해 보아요.

1. **You are going to meet your baby sister soon.**

2. **How do you feel about having a baby sister?**

3. **I know your baby brother sometimes annoys you.**

4. **Can you hold back your anger?**

5. **You are such a good brother looking after the baby.**

6. **Why are you two fighting?**

7. **What are you fighting about?**

8. **You should share with your sister.**

 momstagram

1. 이제 곧 여동생을 만나게 될 거야.
2. 여동생이 생기니까 기분이 어때?
3. 네 동생이 가끔 너 화나게 하는 거 엄마도 알아.
4. 네가 조금만 참아 줄 수 있니?
5. 큰 형님이 동생 돌봐주는구나.
6. 너네 둘 왜 싸우니?
7. 뭐 때문에 싸우는 거니?
8. 동생이랑 같이 써야지.

○ ♡ ☆

Because of you
I will always have a friend.

I look after my brother!

I look after my brother!

MOM	**Why are you two fighting?** 너희 둘 왜 싸우니?
CHILD	**The baby won't give me my toy back.** 아기가 내 장난감을 안 돌려줘요.
MOM	**That's not good. Did you ask him nicely?** 그러면 안 되지. 아기한테 돌려달라고 부탁했니?
CHILD	**No, it's mine!** 아니요, 이거 내 것이에요!
MOM	**Okay. I know you are angry.** 그래, 엄마도 네가 화가 난거 알아.
MOM	**But can you please hold back your anger?** 하지만 네가 조금만 참아주면 안 되겠니?

upset, tease... 화나게 하다

'짜증나게 만들다', '화나게 만들다'라는 뜻을 가진 동사들을 배워 보도록 해요. 회화에서 자주 쓰이는 upset, tease, bother, harass, annoy를 활용해 문장을 만들 수 있어요.

What you just did upsets me.
네가 방금 한 일은 나를 정말 화나게 만든다.

Mom, my brother keeps teasing me!
엄마, 동생이 자꾸 놀려요!

Please do not bother your sister when she is reading.
누나 책 읽고 있을 때는 방해하지 마라.

I don't want to be friends with someone who harasses me.
나는 나를 괴롭히는 사람과 친구하고 싶지 않다.

My brother always annoys me when I am doing my homework.
내 동생은 내가 숙제하고 있으면 항상 귀찮게 군다.

표현 활용하여 문장 말하기

• 엄마, 동생이 자꾸 놀려요!

Mom, my brother keeps _____ me!

• 누나 책 읽고 있을 때는 방해하지 마라.

Please do not _____ your sister when she is reading.

• 네가 방금 한 일은 나를 정말 화나게 만든다.

What you just did _____ me.

• 나는 나를 괴롭히는 사람과 친구하고 싶지 않다.

I don't want to be friends with someone who _____ me.

• 형제자매와 관련된 책

형제자매가 있는 자녀의 경우 이 관계를 통해 많은 것을 배우는 것 같아서 좋아 보이네요. 요즘엔 외동아이들이 많다 보니, 사촌들과의 만남이 전보다 더욱 소중한 것 같기도 합니다. 형제, 자매, 사촌들과 함께 겪을 수 있는 다양한 상황을 책을 통해 살펴 보아요.

What Brothers Do Best

I Am a Big Brother!/
I Am a Big Sister!

I've Won, No I've Won,
No I've Won

One Snowy Day

Sisters First

Frozen:
A Sister More Like Me

Sisters

The War That Saved My
Life

Siblings: You're Stuck
with Each Other, So
Stick Together

DAY 64

아이들이 재미있게 수업할 수 있도록 부탁드립니다.

MP3 듣기

외국인 선생님과 전부 다 영어로 대화할 필요는 없지만, 몇 문장 정도는 영어로 해주시면 선생님과의 관계 형성에도 도움이 될 것 같아요.

1. How long have you been teaching English?

2. What age group have you taught?

3. What is your highest level of education?

4. Are you able to teach during the weekend?

5. How much do you charge for one session?

6. Please help the children enjoy the class.

7. Let them have many chances to speak in English.

momstagram

Practice Makes Perfect!

1. 얼마나 영어를 가르쳐 보셨나요?
2. 가르치셨던 연령대는 어떻게 되나요?
3. 최종 학력은 어떻게 되세요?
4. 주말에도 수업 가능하신가요?
5. 수업 당 얼마씩 받으시나요?
6. 아이들이 재미있게 수업할 수 있도록 부탁드립니다.
7. 아이들에게 영어로 말할 기회를 많이 주세요.

MOM
Hello, nice to meet you.
안녕하세요. 만나서 반갑습니다.

TEA
Nice to you meet you, too.
네 반갑습니다.

MOM
How long have you been teaching English?
얼마나 영어를 가르쳐 보셨나요?

TEA
I have been teaching English for 3 years now.
3년째 영어를 가르치고 있어요.

MOM
Can you please tell me what is your highest level of education?
최종 학력을 말씀해주실 수 있나요?

TEA
I have a Master's degree in management.
경영학 석사 학위를 갖고 있어요.

help ~ (to) do ~가 ~하는 것을 도와주다

help는 목적어 뒤에 동사원형 또는 to부정사가 둘 다 올 수 있는 특이한 형태를 취해요. 동사원형이 와도, to부정사가 와도 둘 다 맞다는 것, 기억해주세요.

I can help you prepare dinner.
제가 저녁 준비하는 거 도와드릴게요.

Can you help me fix this, please?
이거 고치는 거 도와주실 수 있어요?

My dad often helps me do my homework.
우리 아빠는 내가 숙제하는 것을 자주 도와주신다.

I am helping my sister to clean up the mess.
저 지금 동생 도와서 청소하고 있어요.

Mom, you don't need to help me to get dressed any more.
엄마는 더 이상 내가 옷 입는 걸 도와주지 않으셔도 돼요.

표현 활용하여 문장 말하기

• 우리 아빠는 내가 숙제하는 것을 자주 도와주신다.

My dad often _____ me _____ my homework.

• 저 지금 동생 도와서 청소하고 있어요.

I am _____ my sister _____ up the mess.

• 이거 고치는 거 도와주실 수 있어요?

Can you _____ me _____ this, please?

• 제가 저녁 준비하는 거 도와드릴게요.

I can _____ you _____ dinner.

· 예체능 수업과 관련된 방과 후 활동

아이들이 방과 후에 하는 다양한 악기 수업, 미술 활동, 발레, 태권도 등 체육 수업, 연극 수업에 관한 책을 소개해 드렸습니다. 학교 안에서나 밖에서나 어린 시절 다양한 경험을 하는 것은 우리 아이들이 균형 있고 문화를 즐기는 사람으로 성장하는 데 도움이 되는 것 같아요.

Listen to My Trumpet!

Ish

Froggy Plays in the Band

The Art Lesson

The Gym Teacher from the Black Lagoon

Ella Bella Ballerina and The Nutcracker

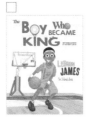

The Boy Who Became King

High School Musical: The Junior Novel

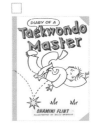

Diary of a Taekwondo Master

269

DAY 65

아이가 선생님 수업을 정말 좋아해요.

↓↓ MP3 듣기

자주는 아니지만 한 번씩 아이 학원 선생님과의 상담도 하게 되는데요.
원어민 선생님과도 직접 대화를 할 수 있다면 아이의 학원 생활에도 도움이 될 것 같아요.

1. My daughter told me all about you.

2. She really enjoys your class.

3. I've brought some snacks for you to share with other teachers.

4. Does he keep up with the class all right?

5. How is her behavior in class?

6. Please give him many opportunities to speak in English.

7. He complained that the class is a bit unfocused.

momstagram

SCIENCE
it's like MAGIC
but REAL

1. 저희 딸한테 말씀 많이 들었습니다.
2. 아이가 선생님 수업을 참 좋아해요.
3. 다른 선생님들과 나눠 드시라고 간식을 좀 사왔어요.
4. 아이가 수업을 잘 따라가나요?
5. 수업 시간에 태도는 어떤가요?
6. 아이가 영어로 말할 기회를 많이 주세요.
7. 아이가 수업 시간이 너무 산만하다고 말하네요.

MOM

Hello, I am Jenny's mom. It's great to meet you. Jenny told me all about you.

안녕하세요, 제니 엄마예요. 만나서 정말 반갑습니다. 제니한테 선생님 말씀 많이 들었어요.

TEA

Hi, I am Karen. Nice to meet you, too.

안녕하세요, 카렌입니다. 만나서 반가워요.

MOM

Jenny really enjoys your class.

제니가 선생님 수업을 참 좋아해요.

TEA

That's good to hear. I enjoy having her in my class, too.

반가운 얘기네요. 저도 제니 가르치는 게 참 즐겁습니다.

MOM

I've brought some snacks for you to share with other teachers.

다른 선생님들하고 나눠 드시라고 간식 좀 사왔어요.

아이 키우면서 가장 많이 하는 말 중 하나가 share가 아닌가 싶어요. "같이 가지고 놀아라", "나눠 먹어라" 등 이런 말들을 할 때 공통적으로 쓸 수 있는 것이 share입니다. share는 물건을 공유할 때 뿐만 아니라 정보를 공유할 때도 쓰인답니다.

Sharing is caring.
나눔은 배려다.

Will you share this toy with your brother?
네 동생이랑 이 장난감 같이 가지고 놀거지?

You should share the chocolate with your friends.
친구들과 이 초콜릿 나눠 먹으렴.

I don't want to share my teddy bear with my sister.
동생이랑 곰인형 같이 나눠갖기 싫어요.

It is important to share any ideas with your team.
너의 팀과 아이디어를 공유하는 것은 중요하다.

표현 활용하여 문장 말하기

• 나눔은 배려다.

   _____ is caring.

• 너의 팀과 아이디어를 공유하는 것은 중요하다.

   It is important to _____ any ideas with your team.

• 친구들과 이 초콜릿 나눠 먹으렴.

   You should _____ the chocolate with your friends.

• 네 동생이랑 이 장난감 같이 가지고 놀거지?

   Will you _____ this toy with your brother?

•방과 후 하는 아카데믹 활동

Day 65에서는 예체능 수업 위주의 방과 후 활동에 관한 책을 소개해드렸다면, Day 65에서는
방과 후에 아이가 자발적으로 또는 친구나 주위 사람들과 함께 언어, 수학, 사회, 과학 등의 코어
과목을 하는 이야기 책을 보여드립니다.

Everyone Can Learn
Math

AR 2.0

How Do Dinosaurs
Learn to Read?

AR 3.2

Curious George Learns
the Alphabet

AR 3.1

Bunny's Book Club

AR 4.2

Rosie Revere, Engineer

AR 4.4

How I Learned
Geography

AR 3.9

Captain Awesome and
the Ultimate Spelling
Bee

AR 5.0

Lunch Walks Among Us

The Mad Scientists'
Club

DAY 66

휴가차 왔어요.

▶ MP3 듣기

견문을 넓히기 위해서, 좀 더 많은 경험을 쌓게 해주기 위해서 아이와 해외 여행을 떠나는 가족들이 점점 늘어나는 것 같아요. 공항에서, 비행기 안에서, 어떤 대화를 나눌 수 있을까요?

① It's my first time to visit here.

② I am here on vacation.

③ The plane is taking off soon.

④ When the toilet light is on, I will take you to the toilet.

⑤ Which movie do you want to watch?

⑥ They say it's time to have a meal.

⑦ What would you like to drink?

⑧ Let's go and collect our baggage.

1. 여기 처음 방문합니다.
2. 휴가차 왔어요.
3. 비행기가 곧 이륙할거야.
4. 화장실 불이 들어오면 데려다줄게.
5. 어떤 영화 보고 싶니?
6. 식사할 시간이래.
7. 어떤 음료수 마실래?
8. 우리 짐 찾으러 가자.

 momstagram

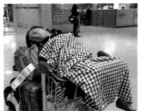

♡ ☆

Life takes you to unexpected places, Love brings you home.

It's time to have a meal now.

CHILD	**Mom, I am hungry.** 엄마, 배고파요.
MOM	**It's time to have a meal now.** 이제 밥 먹을 시간이야.
CHILD	**What are we having?** 뭐 먹어요?
MOM	**I ordered a kid's meal for you.** 넌 키즈밀 예약해놨어.
F.A.	**Please return your seat to the upright position.** 좌석을 원위치로 되돌려 주시기 바랍니다.
MOM	**Honey, you need to put your seat up now. I think our plane will be landing soon.** 얘야, 이제 좌석을 똑바로 세워야해. 우리 이제 곧 착륙하나봐.

공항과 비행기에 관련된 숙어를 익혀 놓으면 여행할 때 쓸모가 있을 거에요. 짐 부치고 체크인해서 비행기가 이륙하는 과정에서 만날 수 있는 숙어를 배워 봅시다.

My uncle came to the airport to see us off.

삼촌이 우리를 배웅하기 위해 공항에 나오셨다.

It is easier to check in online for a flight.

온라인으로 비행기 체크인하는 것이 더 쉽다.

It is always exciting to get on the plane.

비행기에 오르는 건 항상 즐겁다.

Now we need to drop off our bags.

이제 수화물을 위탁해야해.

Our plane took off an hour late.

우리 비행기가 한 시간 늦게 이륙했어.

• 온라인으로 비행기 체크인하는 것이 더 쉽다.

It is easier to _____ online for a flight.

• 이제 수화물을 위탁해야해.

Now we need to _____ our bags.

• 우리 비행기가 한 시간 늦게 이륙했어.

Our plane _____ an hour late.

• 비행기에 오르는 건 항상 즐겁다.

It is always exciting to _____ the plane.

• 여행과 관련된 책

요즈음에는 부모님과 아이가 어려서부터 여행을 다니는 편이고, 해외의 다른 도시에서 살아보는 경험도 많이들 도전하시는 것 같아요. 아이들의 눈높이에서 볼 수 있는 세계의 나라, 도시에 관한 책이 많이 있습니다. 여행과 관련된 가장 대표적인 책, 80일간의 세계일주나 여행 갈 때 아이들이 여행기를 쓸 수 있는 Travel Journal도 다양하게 있으니 참고하세요.

New York:
A Book of Colors

Dodsworth in Paris

Over in Australia :
Amazing Animals Down
Under

Katie In London

Madeline at the White
House

Eloise in Hollywood

City Trails - Barcelona
(Lonely Planet Kids)

This is Rome

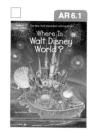

Where Is Walt Disney
World?

Goodnight Moon	by Margaret Wise Brown, illustrated by Clement Hurd (1947)
Grandfather's Journey	by Allen Say (1993)
The Graveyard Book	by Neil Gaiman, illustrated by Dave McKean (2008)
Green Eggs and Ham	by Dr. Seuss (1960)

H

Harold and the Purple Crayon	by Crockett Johnson (1955)
Harriet the Spy	by Louise Fitzhugh (1964)
Harry Potter and the Sorcerer's Stone	by J.K. Rowling (1998)
Hatchet	by Gary Paulsen (1989)
The Hobbit	by J.R.R. Tolkien (1937)
Holes	by Louis Sachar (1998)

I

The Invention of Hugo Cabret	by Brian Selznick (2007)

J

Joseph Had a Little Overcoat	by Simms Taback (1999)
Jumanji	by Chris Van Allsburg (1981)
Just a Minute: A Trickster Tale and Counting Book	by Yuyi Morales (2003)

L

Lilly's Purple Plastic Purse	by Kevin Henkes (1996)
The Lion and the Mouse	by Jerry Pinkney (2009)
The Lion, the Witch and the Wardrobe	by C.S. Lewis (1950)
The Little House	by Virginia Lee Burton (1942)
The Little Prince	by Antoine de Saint-Exupery (1943)
Locomotion	by Jacqueline Woodson (2003)
Lon Po Po: A Red-Riding Hood Story From China	by Ed Young (1989)

Ramona the Pest   by Beverly Cleary (1968)

Rickshaw Girl   by Mitali Perkins, illustrated by Jamie Hogan (2007)

Roll of Thunder, Hear My Cry   by Mildred D. Taylor (1976)

Rumpelstiltskin   by Paul O. Zelinsky (1986)

A Sick Day for Amos MCGee   by Philip Stead, illustrated by Erin E. Stead (2010)

The Snowy Day   by Ezra Jack Keats (1962)

Starry River of the Sky   by Grace Lin (2012)

The Stories Julian Tells   by Ann Cameron, illustrated by Ann Strugnell (1981)

The Story of Ferdinand   by Munro Leaf, illustrated by Robert Lawson (1936)

Strega Nona   by Tomie dePaola (1975)

Swimmy   by Leo Lionni (1963)

Sylvester and the Magic Pebble   by William Steig (1969)

Tales of a Fourth Grade Nothing   by Judy Blume (1972)

The Tales of Uncle Remus: The Adventures of Brer Rabbit   by Julius Lester,
                                       illustrated by Jerry Pinkney (1987)

Tar Beach   by Faith Ringgold (1991)

Ten, Nine, Eight   by Molly Bang (1983)

Tomie dePaola's Mother Goose   by Tomie dePaola (1985)

The True Story of the Three Little Pigs   by Jon Scieszka, illustrated by Lane Smith (1989)

Tuesday   by David Wiesner (1991)

The Very Hungry Caterpillar   by Eric Carle (1969)